시 자
(尸 子)

申龍哲 解譯

자유문고

『시자(尸子)』란 어떤 책인가?

『시자』란 저서의 이름으로 지은이인 시교(尸佼)를 존경하여 부르는 명칭이기도 하다.

『한서예문지(漢書禮文志)』 잡가(雜家)편을 참고해 보면 '『시자(尸子)』는 20편'이라고 했다. 이 시자(尸子)의 성은 시(尸)요, 이름은 교(佼)이다. 전국시대(戰國時代) 진(晉)나라 사람이며, 진(秦)나라 재상(宰相)인 상앙(商鞅 : 商君＝公孫鞅)의 식객(食客)이었다고 하고 일설에는 스승이었다고 했다.

당시의 상앙은 법제 전제(田制) 세제 등의 대개혁으로 진나라를 크게 발전시켰으나 그의 법이 너무 엄격하여 왕실의 반감을 크게 사 처형당하였다. 이때 시교는 그의 스승이며 이론을 뒷받침한 사람이었으므로 자신도 처형될까 두려워 촉(蜀)으로 망명했다고 했다.

『사기(史記)』의 맹순열전(孟荀列傳)편을 보면 '초(楚)나라에 시자(尸子)와 장로(長盧)가 있다'고 되어 있다.

『한서(漢書)』의 저자인 반고(班固)는 시자는 노(魯)나라 사람이라고 했으며『유향별록(劉向別錄)』에는 시자는 진(晉)나라 사람이라고 했다.

　이처럼 시자에 대한 출생국이 일정하지 않은 것은 전국시대의 각 열국들이 서로 인재를 교환하여 썼으므로 한 나라에만 머무르지 않은 탓도 있겠으나 관리로서도 뚜렷한 족적을 남기지 못한 데에도 그 원인이 있다고 하겠다.

　그가 남긴 저서는 20편이라고 했는데 실제적으로 현재까지 전해지는 것은 상권 13편 하권 2편 뿐이다. 이는 당초 20편에 6만여 자 라는 원래『시자』의 10분의 2에 지나지 않는다. 또한 전국시대의 사상가가 다 그러하듯 공자의 유가(儒家) 학풍을 이어받아 각자의 독특한 형태의 사상을 낳음으로써 서로가 비교되는 것도 있고 중복되는 것도 있으며『이아(爾雅)』나『산해경(山海經)』등에서 얻은 영향도 배제할 수 없을 것이다.

　이『시자』는 '법가(法家)'의 스승답게 인의(仁義)의 도덕적인 것을 바탕에 깔고 있다. 그의 사상의 기초는 유가(儒家)의 뿌리인 요순우탕(堯舜禹湯)의 덕치(德治)를 바탕으로 '정명(正名)과 명분(名分)'을 내세워 형벌을 주창(主唱)하였다.

　시교(尸佼)는 다른 사상가와는 달리 형벌보다는 인의(仁義)를 앞세웠고 단지 형벌의 적용에서는 '인의와 공정무사(公正無私)'를 강조한 것이 다른 법가와 다르다고 하겠다.

　'분(分 : 마땅히 해야 할 본분)'편에 보면 "모든 것은 명분을 얻어야 한다"고 했듯이 다스리는 데에도 명분을 얻어야 한다고 하여 유가(儒家)에서 말하는 인의(仁義)로의 다스림을 시자는 '명분(名分)과 정명(正名)'으로 내세우고 있다.

　유학(儒學)이 후세에 정치적으로 이용되면서 명분(名分)과 정명(正名)으로 흐르듯이 시교(尸佼)는 모든 정치나 형벌에 명분과 정명을 중요시 한 것 같다.

상권(上卷)의 흐름은 공자의 인의에 바탕하였으면서도 '명분(名分)과 정명(正名)'을 내세워 법가(法家)의 스승다운 면모가 단편적으로 엿보이며 유학의 흐름 자체를 정치쪽으로 연결시킨 줄기가 '정명(正名)'이란 단어에서 나타나고 있다.

또 그속에는 명분론에 이어 노장사상(老莊思想)의 '무위론(無爲論)'이 섞여져 자연을 중시한 것이라든가 특히 『명가』의 이론들이 많이 섞여 있다.

상권에 간간이 보이는 것이 하권에는 더 많이 있으며 하권은 잡가(雜家)의 사상을 집합(集合)한 것 같고 『산해경』의 일부가 중복된 것 같은 느낌도 든다.

『시자』는 청(淸)나라의 왕계배(汪繼培)가 편집하기 이전에는 3개의 저본(底本: 震澤林氏本, 元和惠氏本, 陽湖孫氏本)이 각자 달리하여 산재해 있었으나 이것을 왕계배가 중복된 부분을 빼고 없는 것은 더하고 또 다른 『순자』 『회남자』 등 여러 고전들에 흩어져 있는 것들을 다시 주워모아 제목만 있는 곳에 넣고 하여 권학(勸學) 귀언(貴言) 사의(四儀) 명당(明堂) 분(分) 발몽(發蒙) 서(恕) 치천하(治天下) 인의(仁義) 광택(廣澤) 요자(綽子) 처도(處道) 신명(神明) 등의 13편을 상권으로 만들었고 산견제서문휘집(散見諸書文彙輯) 시자존의(尸子存疑)의 2편을 묶어 하권으로 삼아 간행했다.

본래 20편이었던 것이 분실되어, 없어진 5편이 탈락되고 15편으로 오늘에 이르게 되었다. 이를 청(淸)나라의 왕계배는 전체내

용 중 10에서 8은 없어졌다고 했는데 그렇다면 각 편에서도 분실된 것이 많다는 이야기이다.

10에서 2나마 전해지게 된 것도 청나라 왕계배의 많은 노력에 의해 이루어진 것이다.

역자도 시자(尸子)에 대해서는 잘 아는 것이 별로 없었으나 어느날 '삼련서점(三聯書店)'을 들러 『제자백가총서(諸子百家叢書)』를 뒤적이는데 『상군서(商君書 : 상앙)』에 포함되어 있어 그것을 구해보고 번역을 하기에 이르렀다.

번역과 주석에 잘못된 부분이 있지 않을까 부끄러울 따름이다. 독자들의 많은 해량(解諒)이 있으시기를 빈다.

1997. 5.
종로 5가 신원당 한약방
원장 신 용 철

시자(尸子) 서문(序文)

『한서예문지』의 잡가(雜家)편에 『시자(尸子)』 20편이라고 되어 있고 『수당(隋唐)예문지』에도 이와 같이 쓰여 있다.

송(宋)나라 때의 모든 글이 이미 없어졌다.

왕응린(王應麟)이 『한서예문지』를 고증하고 말하기를 "이숙(李淑)의 서목(書目)에 4권이 보존되어 있고 관각(館閣)의 도서목록에는 2편만이 보존되어 있어 이것을 합하여 1권을 만들었다. 그 저본(底本)은 전하지 않았다.

근래에 전하고 있는 것은 진택임씨본(震澤任氏本)과 원화혜씨본(元和惠氏本)과 양호손씨본(陽湖孫氏本)인 세 집안의 것이 있을 뿐이다.

진택임씨본은 '인의(仁意)편' '군치(君治)편' '광석(廣釋)편' 3편으로 되어 있다. 이 3편은 잃어버린 글을 여러 곳에서 주워 모으고 옛 목록들을 억지로 꿰어 붙인 것으로 계배(繼培:왕계배)가 처음으로 그 글을 읽고 나아가 주워 모아 출처를 표시하고 오류를 규명하고 수습하여 문자를 바로잡았다.

그뒤 원화혜씨본(元和惠氏本)과 양호손씨본(陽湖孫氏本)을 얻어 서로 비교하여 교정하였고 여기서 다시 의심스럽거나 말이 다른 곳을 복원하였으며 이에 평소의 간략한 기록들을 모아 점

점 더하고 개정하여 모든 책에서 '다스리는 요체'가 실린 것을 묶어 상권(上卷)으로 삼았다.

여러 책들이 동일하게 인용한 것 중에 '다스리는 요체'가 아닌 내용으로 여기저기 흩어져 있는 것들을 모아 하권(下卷)으로 삼았다.

인용이 뜻에 어긋난 것이나 각 저본에서 잘못 모은 것은 별도로 다루어서 뒤에 덧붙였다.

삼가 유향(劉向)의 별록을 고찰해 보면 『시자(尸子)』는 모두 6만 여 자이다. 이제 여기에 뽑아 기록했는데 대개 10에서 8을 잃어버렸다. 탄식할 만한 일이나 그나마 개론을 보고 실마리를 찾아 미루어 뜻이 모이는 곳이 있었다.'고 했다.

장담(張湛)이 주석한 『열자(列子)』의 서문에 이르기를 "장자(莊子) 신도(愼到) 한비(韓非) 시자(尸子) 회남(淮南) 현시지귀(玄示旨歸)가 다 각각 말을 일컬었다."고 했다.

이제 참고하면 '귀인(歸人)의 설(說)'은 천서편(天瑞篇)에 나타났고 언행영향(言行影響)의 설(說)은 열부(說符)편에 나와 있는데 그 기술된 것이 여러 말이 아니다.

『회남자』의 추형훈(墜形訓)편에 "물이 둥그렇게 꺾이는 곳에는 구슬이 있고 직각으로 꺾이는 곳에는 옥이 있고 맑은 물에는 황금이 있고 용이 사는 연못에는 옥영(玉英)이 있다."고 했다.

또 이르기를 "북극에는 녹지 않는 얼음이 있다."고 했는데, 그 말이 다 『시자(尸子)』에서 비롯하였다.

장회태자(章懷太子) 주석의 『후한서(後漢書)』에 『시자(尸子)』 20편이라고 했는데 19편은 '도덕인의(道德仁義)'의 줄기를 펴고, 1편은 구주(九州)의 험난하고 막힌 지형, 그리고 물과 샘의 근원에 대한 것을 그 내용으로 한다고 하였다.

추형훈편의 글은 마땅히 이 편에 있다. 이것으로 참고하여 보면, 추형훈편의 구산(九山) 구새(九塞) 구수(九藪)와 수천(水泉)의 모든 설이 반드시 『시자(尸子)』를 인용한 것을 알 수 있다.

또 '속인(贖人)'을 인용한 것은 자공(子貢)의 일과 연결되는 것을 알 수 있으며 '열니래원(悅尼來遠)'을 인용한 것은 섭공문정(葉公問政)과 연결되는 것을 알 수 있고 '탕덕급금수(湯德及禽獸)'를 인용한 것은 해망(解網)과 연결되는 것을 알 수 있다.

이것은 종류에 따라 인용한 것으로, 허황된 것을 살펴 꾸짖은 것이니 학문을 좋아하는 자는 깊이 생각해야 할 것이다.

유향의 『순자(荀子)』 서문에서 "시자의 저서는 선왕(先王)의 법도가 아니요, 공자의 학문도 따르지 않았다."고 했다.

유협(劉勰)은 또 이르기를 "시자는 잡술을 모두 겸하였으며 술(術)에는 통달하고 문장은 둔박하다."고 했다.

이제 원본이 분실되어 그의 뜻을 다 연구하지는 못하나 제가(諸家)에서 한 말을 증거삼아 그 정수를 뽑아 군더더기를 없애고 진실한 것만 남아 보배스러운 것이 되었다.

그 책의 원본은 앞 세대에서는 많이 알려졌으나 뒤에 태어난 제자(諸子)들이 혹 거두워 들이고 그 가운데에서 전하고 서로 답습하여 이제 각각의 책에서 뽑아내니 귀착점이 대략 밝혀졌다. 동일하고 다른 점을 증명하여 해석하고자 한다.

『사기(史記)』의 맹순열전(孟荀列傳)에 말하기를 "초(楚)나라에 시자(尸子)가 있다."고 했고 『집해(集解)』에서 유향의 별록을 인용하여 이르기를 "초(楚)나라에 시자(尸子)가 있다는 것은 의심컨대 촉(蜀)에 있음을 이른다."고 했다.

지금 『시자서(尸子書)』를 참고하면 "시자는 진(晉)나라 사람이고 이름은 교(佼)이며 진(秦)나라 재상 위앙(衞鞅:商鞅)의 식객(食客)이었다. 위앙(衞鞅) 상군(商君)이 일을 꾀하고 계획을 세우고 법을 만들고 백성을 다스리는 것을 시교(尸佼)와 함께 꾀하지 않은 것이 없다."고 했다.

"상군이 형벌을 받을 때 교(佼)도 함께 형벌을 받을 것을 두려워하여 이에 촉(蜀)으로 도망하였다."고 했다.

『한지(漢志)』의 반고(班固) 주석에는 "교는 노(魯)나라 사람이라고 했다. 진(晉)은 노(魯)와 글자의 형태가 서로 비슷하다"고 했는데 진실로 그러한 것인지의 가부는 정하여 말하지 못하겠다.

가경(嘉慶:청 인종) 16년 신미(辛未:1811년) 10월 15일 소산(蕭山) 왕계배(汪繼培)는 기록한다.

漢書藝文志雜家 尸子二十篇 隋唐志並同 宋時全書已亡 王應麟漢志攷證云 李淑書目存四卷 館閣書目止存二篇 合爲一卷 其本皆不傳 近所傳者 有震澤任氏本 元和惠氏本 陽湖孫氏本 任本凡三篇 曰仁意 曰君治 曰廣釋 實皆攟摭佚文 傅會舊目 繼培初讀其書 就所攬摄 表識出處 糾拾遺謬 是正文字 後得惠孫之書以相比校 頗復有所疑異 迺集平昔疏記 稍加釐訂 以群書治要所載爲上卷 諸書稱引與之同者 分注於下 其不載治要 而散見諸書者爲下卷 引用違錯 及各本誤收者 別爲存疑附於後 謹按 劉向別錄 稱尸子書凡六萬餘言 今茲撰錄 蓋十失八 可爲歎息然緣所槩見 推竟端委 尙有可意會者 張湛注列子 其序云 莊子 愼到 韓非 尸子 淮南 玄示旨歸 多稱其言

今按 歸人之說見天瑞篇 言行響影之說見說符篇 其所誦述 定非數言 淮南子墜形訓云 水圓折者有珠 方折者有玉 淸水有黃金 龍淵有玉英 又云 北極有不釋之冰 其說皆本尸子 章懷太子注後漢書 謂尸子書二十篇 十九篇陳道德仁義之紀 一篇言九州險阻 水泉所起 墜形之文 當在此篇 準是以求 則墜形訓九山 九塞 九藪 及水泉諸說 必皆仍用尸子可知 又因引贖人而知爲子貢事 引悅尼來遠 而知爲葉公問政 引湯德及禽獸 而知爲解網 觸類引伸 課虛以責 有是在好學者之深思矣 劉向序荀子 謂尸子著書 非先王之法 不循孔氏之術 劉勰又謂其兼總雜術 術通而文鈍 今原書散佚 未究大恉 諸家徵說 率皆採擷精華 翦落枝葉 單詞賸誼 轉可寶愛 其書原本 先民時有竊取後出諸子 又或餐挹 其中傳相蹈襲 今輒刺取各書 略明歸出欲以證釋同異 史記孟荀列傳言 楚有尸子 集解引劉向別錄云楚有尸子 疑謂其在蜀 今按尸子書 晉人也 名佼 秦相衞鞅客也 衞鞅商君謀事 畫計立法理民 未嘗不與佼規也 商君被刑佼恐幷誅乃亡逃入蜀 漢志班固自注 又以佼爲魯人 晉魯字形相近 未能定其然否云 嘉慶十有六年 歲在重光協洽陽月月旣望 蕭山汪繼培識

차 례

『시자(尸子)』란 어떤 책인가?…/3
시자(尸子) 서문(序文)…/7

시자(尸子) 상권(上卷)/13

제1편 학문을 권장하다〔勸學〕/21
1. 교육은 남을 다스리는 것이다 …/21
2. 학문은 숫돌과 같다 …/23
3. 각자의 방법으로 이익을 얻는다 …/28
4. 학문이 쌓이면 나타나는 것이 있다 …/32

제2편 귀한 말〔貴言〕/35
1. 그대는 잃어버렸고 나는 얻었다 …/35
2. 공자와 묵적의 현명함으로도 구하지 못한다 …/37
3. 어려운 사람을 풀어주면 복을 받는다 …/41
4. 귀신이란 만물의 법도이다…/43

제3편 네 가지의 거동〔四儀〕/45
1. 네 가지를 잘 지키면 명예가 있다 …/45

제4편 정사를 보는 궁전(明堂)/49
1. 천하를 이롭게 하는 지름길 …/49
2. 땅은 모든 사물을 감싸준다 …/50
3. 신비한 거북과 용도 내려오지 않는다 …/52
4. 바다는 가장 밑에 있어서 모든 물들이 흘러든다 …/55

제5편 마땅히 해야 할 본분(分)/57
1. 모든 것이 본분을 얻어야 성인(成人)이다 …/57
2. 뛰어난 군주가 천하를 다스리면 …/59
3. 요임금과 순임금이라도 고치지 못한다 …/61
4. 이 세상에서 출세하려면 갖춰야 할 것 …/63

제6편 무지를 깨우치다(發蒙)/69
1. 명분은 성인이 살피는 것이다 …/69
2. 업무에 임하면 두려워하여라 …/71
3. 하나의 도(道)를 살피면 온갖 일들이 성취된다 …/73
4. 다스림을 방해하는 것 …/75
5. 흰것과 검은것을 구분하는 것이다 …/79
6. 정명(正名)은 천하를 다스리는 요체이다 …/80

제7편 남을 용서하는 것(恕)/83
1. 내가 하기 싫은 것은 남에게도 시키지 말라 …/83

제8편 천하를 다스리다(治天下)/87
1. 천하를 다스리는 네 가지 방법이 있다 …/87
2. 악기를 안고 조회에 들어간다 …/91

3. 말의 관상을 잘 본 백락(伯樂) …/93

제9편 인을 헤아리다〔仁意〕/95
1. 홍수를 다스린 자는 우(禹)임금이다 …/95
2. 그대는 무슨 일을 할 것인가 …/97
3. 네 가지 기운이 바르게 통하게 되는 것은…/99
4. 남면하고 천하를 다스리다 …/100

제10편 넓은 덕택〔廣澤〕/103
1. 우물 안에서 하늘을 바라보면…/103
2. 온 천하를 사랑하는 것이 가장 큰 것이다 …/105
3. 실상은 하나에 불과한 것이다 …/107
4. 저당 잡힌 사람을 돈으로 찾다 …/108

제11편 너그러운 아들〔綽子〕/109
1. 어찌 주나라의 친척에게만 할 것인가 …/109
2. 정원 안의 아름다운 열매는 알지 못한다 …/111

제12편 도에 머무르다〔處道〕/113
1. 임금은 그릇과 같다 …/113
2. 가는 허리를 좋아하자 굶는 자가 많았다 …/115
3. 사물에 알맞게 적용하는 것이 대인(大仁)이다 …/117
4. 한 끼 밥먹고 살쪘느냐고 묻는다면 …/118

제13편 하늘의 신령, 땅의 신령〔神明〕/121
1. 한 자 밖에 안되는 태양이 온 누리를 비춘다 …/121
2. 정치란 사람을 바르게 하는 것이다 …/122

16　시자(尸子)

시자(尸子) 하권(下卷)/125

1. 오색이 빛나는 것은 태양이다 …/127
2. 봄은 성실한 것이다 …/128
3. 동쪽과 서쪽의 거리는 2만 6천리이다 …/130
4. 옥홍(玉紅)의 열매를 먹으면 3백년 동안 취한다 …/131
5. 불을 만든 수인씨(燧人氏)…/133
6. 황제는 네 쪽이 모두 얼굴이었습니까? …/136
7. 비방하는 나무를 세웠다 …/138
8. 순임금은 죽음으로 가는 네 가지를 제거하였다 …/140
9. 이것을 우보(禹步)라고 한다 …/144
10. 상례(喪禮)의 법으로 삼았다 …/146
11. 오랜 가뭄을 구제하였다 …/147
12. 목성이 북방에 있으므로 정벌하지 말라 …/149
13. 뭇사람들은 하지 못하는 것이다 …/151
14. 모장(毛嬙)과 서시(西施)의 아름다움 …/151
15. 주(周)나라에서는 명당(明堂)이라고 했다 …/153
16. 젖이 네 개였다는 주(周)의 문왕(文王) …/155
17. 하(夏)나라 걸왕(桀王) 때에는 …/157
18. 술로 연못을 만들어 배를 띄우다 …/159
19. 백이숙제(伯夷叔齊)는 수양산에서 죽었다 …/160
20. 이사하면서 아내를 잃어버렸다 …/161
21. 물은 물고기를 잃어도 물이다 …/163
22. 주(周)나라가 장차 망할 것 같아 눈물이 납니다 …/164
23. 모든 것을 완전히 맡겨야 한다 …/166

24. 형벌은 민중의 채찍이다 …/167
25. 형벌을 잘 운용한 진(秦)나라 목공(穆公) …/169
26. 괴물을 뜰에 진열한 서언왕(徐偃王)…/171
27. 다섯 왕들의 관상이 있었다 …/173
28. 호랑이는 새끼라도 소 잡을 기개가 있다 …/175
29. 천하에 이름을 드날릴 수 있는 자 …/176
30. 어찌하여 살이 쪘느냐 …/179
31. 의로우면 사람들이 존경한다 …/181
32. 거(莒)나라에 초원(焦原)이 있었다 …/184
33. 한 손에 원숭이를 한 손에 호랑이를 …/186
34. 맹분은 교룡도 피하지 않았다 …/187
35. 말을 고치면 살 수 있다 …/189
36. 제환공(齊桓公)이 노군(魯君)에게 위협받다 …/190
37. 정승이 되었어도 즐겁지 않은 손숙오(孫叔敖) …/193
38. 효자는 하루 저녁에 다섯 번 일어난다 …/194
39. 호랑이를 보면 잡고 용을 보면 활로 쏜다 …/195
40. 비단옷을 두고 이웃의 떨어진 옷을 도둑질하다 …/198
41. 제(齊)나라 송(宋)나라의 괴이한 사람들 …/202
42. 조금을 굽혀서 크게 곧게 한다 …/204
43. 복(福)은 무거운 것을 취한다 …/205
44. 덕으로써 원수를 갚는 것은 …/206
45. 인생이란 하늘과 땅 사이에 의탁해 사는 것 …/208
46. 죽는 것은 없어지는 것이다 …/208
47. 우수에 젖은 사람이 북을 치면 소리도 슬프다 …/210
48. 둘 더하기 다섯도 잘 알지 못한다 …/212
49. 삼강(三江)과 오호(五湖)를 넘어서 옥을 구했다 …/214
50. 쥐를 잡는 데는 소보다 고양이가 낫다 …/216

18 시자(尸子)

51. 나무열매를 먹는 사람은 다 인자하다 …/218
52. 처음으로 육우(六羽)를 헌상하다 …/219

시자존의(尸子存疑)/223

1. 깊은 뿌리는 꽃받침대이다 …/223
2. 천하를 주는데도 받지 않았다 …/224
3. 오리가 집오리가 되면 날지 못한다 …/224
4. 상자는 잘 팔았고 진주는 못 팔았다 …/225
5. 네 가지의 덕이 있는 것은 물이다 …/226
6. 하얀 얼굴에 몸체가 긴 인어가 나타났다 …/226
7. 소라와 조개를 본받으면 문을 닫는다 …/227
8. 이름이 달라도 기러기는 항상 기러기이다 …/228
9. 선을 권장하는 북을 두었다 …/229
10. 나라가 장차 망하게 되었다 …/229
11. 고기 농장을 만들었다 …/230

시자(尸子) 상권(上卷)

이 세상의 정치라는 것은
사람을 바르게 하는 것이다.
남을 바르게 하려면
자신이 먼저 올바르게 되어야
타인도 감복해서 따르는 것이다.
자신이 올바르지 않으면 남도 따르지 않는다.
그러므로 말하지 않아도 믿고 따르며
성내지 않아도 위엄을 받들며
베풀지 않아도 인(仁)이 만방에 펼쳐지는 것이다.
이런 모든 마음이 있으면
천하 사람들이 바르게 되는 것이니
이것을 '지극한 정치'라고 하는 것이다.

제1편 학문을 권장하다 〔勸學〕

1. 교육은 남을 다스리는 것이다.

 열심히 배운다는 것은 자신을 다스리는 것이요, 열성을 다해 가르친다는 것은 남을 다스리는 것이다. 이것은 학생은 열심히 노력하여 자기 자신을 닦는 것이요, 교육자는 열심히 가르쳐 남들이 인격을 닦도록 도와주는 것이라는 말이다.
 누에를 키우는 사람이 누에 관리를 게을리하면 누에는 썩거나 좀이 먹어 아무런 쓸모가 없게 되지만 관리하는 여성을 두어 잘 관리하도록 하여 고치를 만들면 고치에서 실을 뽑아 아름다운 비단을 만들 수 있다.
 이 비단을 사용하여 임금이 입는 화려한 의복을 만들게 되면 임금은 이 화려한 옷을 입고 조회에 나간다. 그러면 신하들은 그 화려한 옷과 인품을 우러러 보는 것이다.
 몸이란 고치와 같다. 자신을 방치하고 다스리지 않으면 지식이나 행동이 썩은 고치와 같아 아무런 쓸모가 없다.
 훌륭한 교육자에게 가르침을 받고 열심히 노력한다면 세상에서 알아주는 선비가 될 수 있고, 세상에서 알아주는 선비가 된다면 천하의 모든 권력자들이 존경하지 않을 수 없다.

'세상의 선비'는 모든 사람의 존경의 대상이 된다. 이것의 실질적인 사례가 있다.

공자의 제자인 자로(子路)는 변(卞)땅의 비천한 출신이었으며, 자공(子貢)은 위(衛)나라의 장사꾼이었고, 안탁취(顔涿聚)는 도둑이었으며, 전손사(顓孫師 : 자장)는 말거간꾼이었다.

이렇게 미천한 신분이었던 이들은 다 공자의 가르침을 받아 '뛰어난 선비'가 된 사람들이다.

이처럼 교육이란 중요한 것이다. 가르침에 따라서 도둑이나 말거간꾼, 장사꾼과 같은 비천한 사람이 될 수도 있고 훌륭한 선비로 변할 수도 있다. 이것이 교육으로 사람을 다스리는 실례를 보여 준 것이다.

〔배우는데 게으르지 않는 것은 자신을 다스리는 것이다. 가르치는 것을 싫어하지 않는 것은 남을 다스리는 것이다. 대저 누에집을 제대로 관리하지 못하면 누에가 다 썩어서 버리게 되는 것이니 여공(女工)으로 하여금 실을 켜 아름다운 비단을 만들게 하여 대군(大君)이 입고 조회에 참여하도록 한다. 몸이라는 것은 고치와 같다. 누에집을 제대로 관리하지 못하면 알고 행동하는 것이 썩은 고치와 같은 것이다. 어진이로 하여금 가르쳐서 '세상의 선비(世士)'를 만들어내게 하면 천하의 제후도 감히 공경하지 않을 수 없는 것이다. 그러므로 자로(子路)는 변(卞)땅의 야인(野人)이었으며 자공(子貢)은 위(衛)나라의 장사꾼이었으며 안탁취(顔涿聚)는 도적이었고 전손사(顓孫師)는 말거간꾼이었는데 공자(孔子)가 가르침으로써 다 뛰어난 선비가 되었다.〕

學不倦 所以治己也 敎不厭 所以治人也 夫繭舍¹⁾而不治則腐蠹²⁾而棄 使女工繰之以爲美錦 大君服而朝之 身者 繭也 舍而不治 則知行腐蠹 使賢者敎之以爲世士³⁾ 則天下諸侯 莫敢不敬 是故子路⁴⁾卞之野人 子貢⁵⁾衞之賈人 顔涿聚⁶⁾盜也 顓孫師⁷⁾駔也 孔子敎之 皆爲顯士

1) 繭舍(견사) : 누에를 기르는 방.
2) 腐蠹(부두) : 누에를 썩히다. 죽이다. 관리를 제대로 하지 않아 썩다.
3) 世士(세사) : 세상에 알려진 선비.
4) 子路(자로) : 공자의 제자 가운데 10철의 한 사람. 중유(仲由).
5) 子貢(자공) : 공자의 제자 가운데 10철의 한 사람. 성은 단목(端木), 이름은 사(賜), 자공은 자. 구변(언변)에 능하고 재물을 불리는데 능력이 있어 공자의 여행경비를 많이 부담했다.
6) 顔涿聚(안탁취) : 공자의 제자. 양보(梁父)땅의 대도(大盜)였다. 공자에게 학문을 배워 천하의 명사가 되었다.
7) 顓孫師(전손사) : 공자의 제자 가운데 10철의 한 사람. 자장(子張). 전손은 성, 사(師)는 이름. 노(魯)나라의 비천한 집안 출신이며 말거간꾼이었다.

2. 학문은 숫돌과 같다.

사람이 학문을 하는 것은 칼을 가는 숫돌에 비유할 수 있다.

곤오(昆吾)지방에서 나는 쇠나 수보(銖父)지방에서 나는 주석을 가져다 쇠나 주석을 잘 다루는 간월지방의 대장장이에게 맡긴다면 쇠를 녹여 부어 칼을 만들 것이다.

이 칼을 숫돌에 갈지 않으면 칼은 날카롭지 않아 찔러도 들어가지 않고 내리쳐도 물건이 끊어지지 않는다.

이 칼을 멧돌에 돌리고 다시 숫돌에 갈아야만 앞으로 찌르거나 위아래로 내리쳤을 때 막힘이 없는 것이다.
 이것으로 보더라도 숫돌에 간 것과 갈지 않은 차이가 매우 큰 것을 알 수 있다.
 지금의 사람들은 무디어진 칼을 갈 줄은 알지만 자신의 몸을 갈고 닦을 줄은 모른다.
 학문이란 자신의 몸을 갈고 닦는 숫돌과 같은 것이다.
 선생께서 말하기를 "수레바퀴는 땅이 견고하지 않은 것을 두려워하고, 배는 물이 깊지 않은 것을 두려워한다."고 했다.
 사용할 기구가 있으면 사람들은 사람의 힘으로 하기 어려운 일을 쉽게 할 수 있다.
 도(道)라는 것은 사람이 하기 어려운 것을 쉽게 하도록 도와주는 것이다.
 증자(曾子)가 말하기를 "아버지와 어머니가 사랑하면 기뻐하고 그 사랑을 잊지 않아야 한다. 아버지와 어머니가 미워하더라도 두려워하거나 원망하지 말라."고 했다. 이것은 '사랑 또는 미움'을, 효도를 이루는데 있어서는 고를 필요가 없다는 것이다.
 사추는 말하기를 "임금이 친밀하게 하고 가까이하면 지극히 공경하고 겸손해야 하며, 멀리하거나 친밀하지 않게 하더라도 공경하고 원망이 없어야 한다."고 했다. 이것은 '친함과 소원함'을, 그 충성을 이루는데 있어서는 고를 필요가 없다는 것이다.
 공자는 말하기를 "<u>스스로 모든 것을 바로잡는 일에 종사하면서 자신만을 바로잡고 남을 바로잡지 않으며 선을 행하게 하지 않으면서도 근심하지 않는 사람은 거백옥이라는 자의 행동이다.</u>"라고 했다. 이것은 '일으키고 쓰러뜨리는 것'을, 선을 이루는데 있어서는 고를 필요가 없다는 것이다.

굴후부가 말하기를 "어진 사람은 쉽게 알 수 있다. 부자가 되어서는 그 베푸는 것을 보고, 출세해서는 사귀는 사람들을 보고, 궁핍해서는 취하지 않는 것을 보면 된다."고 했다. 이것은 '궁핍과 출세'를, 어진이가 되는데 있어서는 고를 필요가 없다는 것이다.

그러므로 '사랑하고 미워하고, 친하고 소원하고, 쓰러지고 일어나고, 궁하고 출세하는 것'은 다 '옳은 것'을 성취하는 데 하나의 그릇에 지나지 않는 것이다.

제나라의 환공(桓公)이 관중을 뽑아 쓰고 진(晉)나라의 목공(穆公)이 백리해를 뽑아 쓴 것은 그 덕을 높이 사 등용한 것이다. 이로써 나라가 매우 작고 후미진 곳에 있었고, 자신이 지극히 비천한 곳에 처했다 할지라도 천하를 상대하여 정치를 펼 수 있었던 것이다.

그런데 지금의 세상에서는 의지를 따르지 않고 용모만을 따지고 있으며 덕행이 있는가 없는가를 보지 않고 벼슬이 높고 낮은 것만 논하고 있다. 이런 상황이니 어떻게 적을 물리치고 먼 곳의 나라를 정복할 수 있겠는가.

[대저 배움이란 비유컨대 숫돌과 같다. 곤오(昆吾)의 금속과 수보(銖父)의 주석을 가지고 간월의 공장(工匠)에게 칼을 만들게 하여도 숫돌로 갈지 않으면 찔러도 들어가지 않고 쳐도 끊어지지 않는다. 숫돌로써 갈고 또 노란 숫돌로 갈면, 찌르면 앞이 없고 치면 아래가 없다. 이것으로 보더라도 갈고 갈지 않은 것은 그 서로 가는 것이 멀다. 지금 사람들은 다 칼을 갈 줄은 알지만, 그 몸을 가는 것은 알지 못한다. 대저 배우는 것은 몸을 닦는 숫돌이다. 부자(夫子)

께서 이르기를 "수레는 오직 땅이 굳건하지 않을 것을 두려워하고, 배는 오직 물이 깊지 않을 것을 두려워한다."고 했다. 그 기구가 있으면 사람으로서 어려운 것도 쉽게 된다. 대저 도(道)라는 것은 사람이 하기 어려운 것을 쉽게 할 수 있도록 한다. 그러므로 증자(曾子)는 말하기를 "부모께서 사랑하면 기뻐하며 잊지 않고, 부모께서 미워하면 두려워하고 허물하지 말라."고 했다. 그런즉 사랑과 미움은 효도를 이루는 데 고르는 것이 없다. 사추(史鰌)는 말하기를 "임금이 친하고 가까이하면 지극히 공경하고 손순하며, 멀리하고 소원하면 공경하고 원망을 없애라."고 했다. 그런즉 친하게 하고 소원하게 하는 것은 그 충성을 이루는 데 고르는 것이 없다. 공자는 말하기를 "스스로 도지개 속에서 놀면서 자신만을 곧게 하고 남은 곧게 하지 않으며, 선이 행해지지 않게 하면서도 근심하지 않는 것은 거백옥(蘧伯玉)의 행실이다."고 했다. 그런즉 일으키고 폐하는 것은 그 선을 이루는 데 고르는 것이 없다. 굴후부(屈侯附)는 말하기를 "어진이는 알기가 쉽다. 그 부의 분배하는 것과 꿰뚫어 나아가는 것과 궁한데 취하지 않는 것을 본다."고 했다. 그런즉 궁하고 꿰뚫는 것은 그 어짊을 이루는 데 고르는 것이 없다. 그러므로 '사랑하고 미워하고 친하고 소원한 것'과 '쓰러지고 일어나고 궁하고 꿰뚫는 것'은 가히 의를 이루는 데 그 기구가 있는 것이다. 환공(桓公)이 관중(管仲)을 들어 쓴 것과 목공(穆公)이 백리해를 들어 쓴 것은 그 덕에 따른 것이다. 이것은 나라가 심히 후미지고 작으며 몸이 지극히 비천한데도 천하를 다스린 것이다. 지금은 의지를 따르는 것이 아니라 용모를 따르고 덕행을 따르는 것이 아니라 작위의 반열을 논한다. 이것은 또한 적을 물리치고 먼곳을 복종시키는 것이 아니다.]

夫學譬之猶礪¹⁾也 昆吾²⁾之金 而銖父之錫³⁾ 使干越⁴⁾之工 鑄之以爲劍 而弗加砥礪 則以刺不入 以擊不斷 磨之以礱礪 加之以黃砥 則其刺也無前 其擊也無下 自是觀之 礪之與弗礪 其相去遠矣 今人皆知礪其劍 而弗知礪其身 夫學 身之礪砥也 夫子曰 車唯恐地之不堅也 舟唯恐水之不深也 有其器 則以人之難爲易 夫道 以人之難爲易也 是故曾子⁵⁾曰 父母愛之 喜而不忘 父母惡之 懼而無怨 然則愛與惡 其於成孝無擇也 史鰌⁶⁾曰 君親而近之 至敬以遜 貌而疏之 敬無怨 然則親與疏 其於成忠無擇也 孔子曰 自娛於檃括⁷⁾之中 直己而不直人 以善廢而不邑邑⁸⁾ 蘧伯玉⁹⁾之行也 然則興與廢 其於成善無擇也 屈侯附¹⁰⁾曰 賢者易知也 觀其富之所分 達之所進 窮之所不取 然則窮與達 其於成賢無擇也 是故愛惡親疏 廢興窮達 皆可以成義 有其器也 桓公¹¹⁾之擧管仲¹²⁾ 穆公¹³⁾之擧百里¹⁴⁾ 比其德也 此所以國甚僻小 身至穢污 而爲政於天下也 今非比志意也 而比容貌 非比德行也 而論爵列 亦可¹⁵⁾以卻敵服遠矣

1) 礪(여) : 숫돌. 칼을 갈 수 있는 돌을 뜻한다.
2) 昆吾(곤오) : 산 이름이며 쇠가 많이 난다. 『산해경』 대황(大荒) 남경(南經)편에 있다.
3) 銖父之錫(수보지석) : 수보는 땅 이름. 그 땅에서 주석이 많이 나온다고 했다.
4) 干越(간월) : 간월은 오월(吳越)의 잘못이라고 했다. 또는 간월에서 좋은 칼이 많이 난다고도 했다. 어느 말이 맞는지는 모르겠으나 지명이나 나라 이름의 뜻인 것 같다.
5) 曾子(증자) : 공자의 제자 증삼(曾參). 효도로 유명하며 『효경』과 『대학』을 지었다고 했다.

6) 史鰌(사추) : 사람 이름. 자세하지 않다.
7) 檃括(은괄) : 도지개. 곧게 하다의 뜻.
8) 邑邑(읍읍) : 근심하다. 걱정하다.
9) 蘧伯玉(거백옥) : 이름은 원(瑗). 자는 백옥. 공자가 위(衞)나라에 갔을 때 거백옥의 집에서 머물렀다. 위나라 영공(靈公) 때의 현대부(賢大夫).
10) 屈侯附(굴후부) : 누구인지 자세하지 않다.
11) 桓公(환공) : 춘추시대 제(齊)나라의 제후.
12) 管仲(관중) : 춘추시대 제환공을 도와 패권을 차지하게 한 환공의 신하. 포숙아와 함께 관포지교(管鮑之交)로 유명하다.
13) 穆公(목공) : 춘추시대 진(秦)나라의 목공.
14) 百里(백리) : 백리해(百里亥). 춘추시대 진(秦)나라의 목공(穆公)을 도와 오패(五霸)의 한 사람이 되게 한 어진 신하. 우(虞)나라 사람. 자는 정백(井伯). 처음에 우공(虞公)을 섬겨 대부가 되었다. 우나라가 진(晉)나라에게 망하자 포로가 되었다가 초(楚)나라로 도망하였는데 초나라에서 잡혔다. 진(秦)나라의 목공이 백리해가 어질다는 소문을 듣고 암양 다섯 마리의 가죽으로 몸값을 주고 신하를 삼아 국정을 맡겼다는 일화가 있다.
15) 可(가) : 앞에 불(不)자가 빠진 것으로 보고 불가(不可)로 풀이했다.

3. 각자의 방법으로 이익을 얻는다

 농부는 곡식을 많이 수확하는 데 모든 정력을 쏟고 상인(商人)들은 재물을 많이 늘리는 데로 몰리게 되고 의로운 선비나 기개있는 사람들은 의로운 곳으로 모이게 되는 것이다.
 그러므로 성문의 문지기나 여관의 주인이나 농사짓는 농부나 질그릇을 만드는 도공들도 그들 나름대로 깨달은 방법에 따라 이익을 얻게 되는 것이다.

작위의 반열은 사사로운 귀한 것에 지나지 않지만 덕행(德行)이란 만인이 우러러 볼 수 있는 공적(公的)인 귀한 것이다. 이러한 것을 어떻게 알 수 있을까.

송(宋)나라 사성(司城 : 司空)인 자한(子罕)이란 사람이 길을 가다가 승봉인(乘封人)을 만나자 수레에서 내려 예를 취했다.

이때 사성자한의 노복이 "승봉인(乘封人)인데 어찌하여 수레에서 내리십니까." 하였다.

자한이 말하기를 "옛날부터 '어진 사람'은 그 행실을 보고 어질게 여겼고, '귀한 사람'은 그 마음쓰는 것을 보고 귀하게 여긴 것이다. 지금 높은 지위에 있는 사람은 그 행동하는 것을 어질게 여기고 그 마음씨가 착한 것을 귀하게 여기는 것인데 어찌 내가 감히 그를 공경하지 않겠는가." 하였다.

이것으로 보더라도 옛날에 귀하다고 여긴 것은 벼슬의 높고 낮음이 아니었다. 또 '어진 것'은 앞에서부터 무슨 까닭이 있는 것이 아니었다. 행동이나 마음씨 그 자체가 아름다우면 그것이 바로 어진 것이었다.

사람의 임금이 된 자는 그 한 나라에서만 귀하게 여겨지는 것이요, 천하에까지는 이르지 못하는 것이며 천자(天子)는 그 한 시대에만 귀하게 여겨지는 것이요, 후세에까지는 이르지 못하는 것이다.

오직 덕행과 하늘과 땅만이 영원히 빛나는 것이다. 벼슬의 반열이라는 것은 덕행(德行)의 집에 불과하고 또 쉬는 곳에 지나지 않는 것이다.

『시경』 소남(召南)의 감당(甘棠)편에 이르기를 "무성한 팥배나무를 자르지도 말고 꺾지도 말라. 그님 소백(召伯)께서 쉬시던 곳이니라." 하였다.

어진이가 쉬는 곳은 사람이 감히 없애지 못하는 것을 말한 것이다.

천자나 제후는 사람들이 모두 귀하게 여기는 사람들이다.

그러나 하(夏)나라의 걸(桀)왕이나 은(殷)나라의 주(紂)왕과 같은 처지에 처하게 되면 천자나 제후라도 천하게 여기는 것이다.

그러므로 작위의 반열이란 꼭 귀한 것만은 아니다.

지금의 사회에서는 작위의 반열을 귀하게 여기고 덕행을 하찮게 여기는데, 이것은 팥배나무를 귀하게 여기고 소백을 천하게 여기는 것과 같은 것으로 상반된 현실이 아닌가.

대저 덕과 의(義)라는 것은 그 실체를 보고 싶어도 볼 수가 없는 것이요, 듣고 싶어도 들을 수가 없는 것이지만, 이것으로 인하여 하늘과 땅이 바르게 되고 만물이 두루 덕을 입게 되며 작위가 없어도 귀하게 여기고 봉록을 받지 않아도 높임을 받는 것이다.

〔농부는 곡식을 쫓고 장사꾼은 재물을 쫓고 열사는 의를 따른다. 그러므로 감문이나 여관이나, 농부나 도공들도 다 쫓아서 얻는 것이다. 작위의 반열은 사사로이 귀한 것이요, 덕행은 공적인 귀한 것이다. 어떻게 그러한 것을 알까. 사성자한(司城子罕)이 승봉인(乘封人)을 만났는데 수레에서 내렸다. 그의 노복이 말하기를 "승봉인 입니다. 어떻게 수레에서 내리십니까." 하였다. 자한이 말하기를 "옛날의 이른바 양인(良人)은 그 행실을 어질게 여기고, 귀인(貴人)은 그 마

음을 귀하게 여겼다. 지금 천작(天爵)에 있는 사람은 그 행실을 어질게 여기고 그 마음을 귀하게 여기나니 감히 내가 공경하지 아니하랴." 하였다. 이것으로 보더라도 옛날의 이른바 '귀한 것'은 벼슬의 반열이 아니요, 이른바 '어진 것'은 먼저 까닭이 있는 것이 아니다. 임금은 한 나라에서는 귀하지만 천하에는 이르지 못하고, 천자(天子)는 한 시대에는 귀하지만 후세까지 이르지 못한다. 오직 덕행과 더불어 천지(天地)만이 서로 없어지지 않는다. 작위의 반열이란 덕행의 집이며 그 쉬는 곳이다. 『시경』에 이르기를 "무성한 팥배나무를 자르지도 말고 꺾지도 말라. 그님 소백께서 쉬시던 곳이니라." 하였다. 인(仁)한 자가 쉬는 곳으로 사람이 감히 없애지 못한다. 천자(天子)와 제후(諸侯)는 사람이 귀하게 여기는 것이지만 걸(桀)이나 주(紂)의 처지는 천한 것이다. 그러므로 작위의 반열이 귀한 것이 아니다. 지금의 천하에서는 작위의 반열을 귀하게 여기고 덕행을 천하게 여기는데, 이것은 팥배나무를 귀하게 여기고 소백을 천하게 여기는 것으로 또한 상반된 것이다. 대저 덕이나 의라는 것은 보되 보이지 않고 듣되 들리지 않으며 이것으로 천지가 바르게 되고 만물이 두루하게 되며 작위가 없어도 귀하고 녹이 없어도 높은 것이다.〕

農夫比粟 商賈[1]比財 烈士[2]比義 是故監門逆旅[3] 農夫陶人 皆得與焉 爵列 私貴也 德行 公貴也 奚以知其然也 司城子罕[4] 遇乘封人[5]而下 其僕曰 乘封人也 奚爲下之 子罕曰 古之所謂良人者 良其行也 貴人者 貴其心也 今天爵而人 良其行而貴其心 吾敢弗敬乎 以是觀之 古之所謂貴 非爵列也 所謂良 非先故也 人君貴於一國 而不達於天下 天子貴於一世 而不達於

後世 惟德行與天地相弊也 爵列者 德行之舍也 其所息也 詩曰[6] 蔽芾甘棠 勿翦勿敗 召伯[7]所憩 仁者之所息 人不敢敗也 天子諸侯 人之所以貴也 桀紂[8]處之則賤矣 是故曰爵列非貴也 今天下貴爵列而賤德行 是貴甘棠而賤召伯也 亦反矣 夫德義也者 視之弗見 聽之弗聞 天地以正 萬物以徧 無爵而貴 不祿而尊也

1) 商賈(상고) : 상인. 장사꾼.
2) 烈士(열사) : 절의를 굳게 지키는 선비.
3) 監門逆旅(감문역려) : 감문은 성문의 문지기. 역려는 여관.
4) 司城子罕(사성자한) : 사성은 춘추시대 송(宋)나라의 벼슬로 사공(司空)과 같은 직책인데 송나라 무공의 휘를 피하여 고친 것이다. 자한은 송나라의 재상.
5) 乘封人(승봉인) : 승은 역사를 맡은 직책. 봉인은 국경을 맡은 벼슬아치. 여기서의 승봉인은 지위가 낮은 사람을 말하는 것 같다.
6) 詩曰(시왈) : 『시경』 소남(召南) 감당(甘棠)편의 시구.
7) 召伯(소백) : 주(周)나라의 소공석(召公奭)을 말한다. 또는 소목소호(召穆召虎)를 말하기도 한다. 백(伯)은 방백(方伯)이라는 뜻.
8) 桀紂(걸주) : 걸은 하(夏)나라의 마지막 왕으로 폭군. 주는 은(殷)나라의 마지막 왕으로 폭군.

4. 학문이 쌓이면 나타나는 것이 있다

사슴이 달릴 때는 앞만 보고 힘껏 달리지 뒤를 돌아보지 않는다. 마차를 끄는 육마(六馬)는 달릴 때 흙먼지가 일어나는 뒤를 바라보기란 어렵다. 사슴이나 말도 목적지에 도달해야만 뒤를 돌아보는 것 같이 사람도 학문에 열중할 때에는 한 곳에 집중해야지 다른 곳에 마음을 쓰면 학문을 성취할 수 없는 것이다.

흙이 많이 쌓여서 큰 산을 이루면 거대한 녹나무나 예장(豫章)나무가 자라나 숲이 우거지고, 조그마한 물이 모여서 큰 내를 이루면 배를 삼킬 만한 커다란 고기가 자랄 수 있다.

대저 학문이라는 것도 쌓이면 또한 덕을 이룰 수 있고, 선도 쌓이면 새로운 사상을 싹트게 하는 것이다.

그러므로 사람이 살아가는 모든 세상사에서 도를 논하고 도를 찾고 도를 따르는 것은 학문이 아니고는 될 수 없으며, 자신을 빛내고 명성을 날리고 자신이 영광되게 하는 것도 학문이 아니면 이루어질 수 없는 것이다.

▨ 달리면서 뒤를 돌아본다면 달리는 속도가 늦어지고 원하는 방향으로 제대로 달릴 수 없다. 여섯마리 말이 같이 달리는데 한 마리라도 뒤를 돌아본다면 서로의 발박자가 흩어져 그 말끼리 부딪치고 마침내 마차는 전복될 수 있다. 이와 같이 학문도 인간과의 관계에 있어서 뗄래야 뗄 수 없는 불가분의 관계에 있는 것을 논한 것이다.

〔사슴이 달릴 때에는 뒤돌아보지 않고 육마(六馬)는 그 먼지가 이는 것을 바라보기 어렵다. 도달한 자만이 돌아보는 것이다. 흙이 쌓여 큰 산을 이루면 녹나무와 예장(豫章)나무가 자라고 물이 모여 큰 내를 이루면 배를 삼킬 만한 큰 물고기가 생겨난다. 대저 학문이 쌓이면 또한 생겨나는 것이 있다. 학문으로 인하지 않고 도(道)를 보거나 학문을 빌리지 않고 몸을 빛낸 자는 있지 아니하다.〕

鹿馳走無顧 六馬[1]不能望其塵 所以及者 顧也 土積成嶽 則梗枏豫章[2]生焉 水積成川 則吞舟之魚[3]生焉 夫學之積也 亦有所生也 未有不因學而鑒道不假學而光身者也

1) 六馬(육마) : 천자가 타는 수레를 끄는 여섯 마리의 말. 육룡(六龍)이라고도 한다.
2) 梗枏豫章(편담예장) : 편담은 녹나무과에 속하는 거목. 예장은 개오동나무와 비슷한 큰 나무. 장(章)은 울창한 숲을 말하기도 한다.
3) 吞舟之魚(탄주지어) : 배도 삼킬 수 있을 만한 커다란 물고기.

제2편 귀한 말〔貴言〕

1. 그대는 잃어버렸고 나는 얻었다

 진(晋)나라의 범헌자(范獻子)가 황하(黃河)에서 풍류를 즐길 때 진(晋)나라의 모든 대부들이 다 참석하였다.
 헌자가 말하였다.
 "어느 누가 난씨(欒氏)의 자식을 알고 있는가?"
 대부들은 아무도 대답하는 사람이 없었다.
 이때 노를 젓던 청연(淸涓)이라는 뱃사공이 노를 내려놓고 말하였다.
 "임금께서는 무슨 이유로 난씨의 자식에 관하여 물으십니까?"
 헌자가 말하기를
 "나는 난씨에게 망한다고 했다. 그 늙은이들은 죽지 않았고 젊은이들은 장성하고 있다. 이로써 질문하는 것이다."
 하니, 청연이 말하였다.
 "임금께서 진나라를 잘 다스리시어 좋은 정치를 베푼다면, 안으로는 진나라 대부의 마음을 얻고 밖으로는 모든 백성의 마음을 잃지 않을 것이니 비록 난씨의 아들이라도 임금을 넘보지 못할 것입니다. 그러나 임금께서 진나라의 국정을 돌보지 않고 좋은 정치를 베풀지 않는다면 안으로는 대부의 마음을 잃고 밖으로는 모든 백성까지도 잃을 것입니다. 그렇게 되면 이 배 안에 있는 사람들이 모두 난씨의 자식이 될 것입니다."

헌자가 이 말을 듣고 "좋은 말이다." 하고는 다음날 조회에서 뱃사공인 청연을 불러서 밭 1만묘를 하사하였다.

청연이 받지 않고 사양하니, 헌자가 말하였다.

"이 1만묘의 밭으로 그대의 보배같은 말과 바꾸는 것이다. 그대는 오히려 잃은 것이 있으나 과인은 얻었다."

옛날에는 언어를 귀하고 보배스럽게 여긴 것이 이와 같았다.

〔범헌자(范獻子)가 황하를 유람할 때 대부(大夫)들이 모두 있었다. 임금인 헌자가 말하기를 "누가 난씨(欒氏)의 아들에 대해서 아는가?"고 물었다. 대부들이 대답하는 사람이 없었다. 뱃사공인 청연(淸涓)이 노를 놓고 대답하기를 "임금께서는 어찌하여 난씨의 자식 됨을 질문하는 것입니까?", 임금이 말하기를 "내가 망하는 것이 난씨로부터 한다고 했다. 그 늙은이들은 죽지 아니하고 젊은이들은 장성하고 있다. 내 이로써 묻는 것이다." 하였다. 청연이 말하기를 "임금께서 진(晋)나라의 국정을 잘 이끌어가면, 안으로는 대부를 얻고 밖으로는 백성을 잃지 아니할 것입니다. 비록 난씨의 자식이라도 임금을 어찌 하겠습니까. 임금께서 만약 진나라의 국정을 잘 돌보지 못하면, 안으로는 대부를 얻지 못하고 밖으로는 백성을 잃을 것이며, 이 배 안의 사람들도 다 난씨의 자식이 될 것입니다." 하였다. 범헌자가 "좋은 말이다." 하였다. 다음 조회에 뱃사공인 청연을 불러 밭 1만묘를 하사하였다. 청연이 사양하자, 임금이 "이 밭으로 그대의 말과 바꾼 것이다. 그대는 오히려 잃었고 과인은 오히려 얻었다."

고 하였다. 옛날에 말(言)을 귀하게 여기는 것이 이와 같았다.〕

　范獻子[1]遊於河[2]　大夫皆在　君曰　孰知欒氏[3]之子　大夫莫答　舟人淸涓舍檝而答曰　君奚問欒氏之子爲　君曰　自吾亡欒氏也　其老者未死　而少者壯矣　吾是以問之　淸涓[4]曰　君善修晉國之政　內得大夫　而外不失百姓　雖欒氏之子　其若君何　君若不修晉國之政　內不得大夫　而外失百姓　則舟中之人　皆欒氏之子也　君曰　善哉言　明日朝　令賜舟人淸涓田萬畝[5]　淸涓辭　君曰　以此田也　易彼言也　子尙喪　寡人猶得也　古之貴言也若此

1) 范獻子(범헌자) : 전국시대 진(晋)나라의 대부였는데 찬탈하여 임금이 되었다.
2) 河(하) : 황하.
3) 欒氏(난씨) : 어느 누구인지 자세하지 않다.
4) 淸涓(청연) : 사람 이름으로 당시의 뱃사공.
5) 萬畝(만묘) : 만묘는 만 마지기.

2. 공자와 묵적의 현명함으로도 구하지 못한다

온 세상을 신하로 삼는 것은 천하를 통일시킨 것이다. 천하를 통일시킨 사람은 천하를 상대로 명령을 내리면 온 천하가 명령을 받들어 곧 시행하는 것이요, 천하에 금지시키는 금령을 내리면 온 천하가 곧바로 그 금령을 따라서 중지하는 것이다.

하(夏)나라의 걸(桀)왕이나 은(殷)나라의 주(紂)왕은 천하를 상대로 명령을 내려도 행해지지 않고, 천하를 상대로 금령을 내려도 천하가 그 금령을 따르지 않았으니 천하를 신하로 삼지 못했던 것이다.

 눈으로는 아름답게 여기는데 마음에서 의롭지 않게 여기면 보지 않는다. 입에서는 맛있게 여기는데 마음에서 의롭지 않게 여기면 먹지 않는다. 귀로 듣기에 아무리 즐거운 것이라도 마음에서 의롭지 않게 여기면 듣지 않는다. 몸으로는 아무리 편안하게 느끼는 것이라도 마음에서 의롭지 않게 여기면 입지 않는다. 그러므로 천하에 명령을 내리고 명령을 받아 행동하고, 금지하는 명령을 하고 중지하는 것은 마음이 하고자 해야 하는 것이다.

 마음이라는 것은 몸을 움직이는 임금이라고 할 수 있다.

 천자(天子:제왕)가 온 천하를 다스리는 데 있어 마음으로부터 명령을 받았을지라도 그 명령이 마음에 부당하게 여기는 명령이라면 온 천하에는 재앙이 생기게 된다. 제후가 자신의 나라를 다스리는 데 있어 마음으로부터 명령을 받았을지라도 그 명령이 마음에 부당하게 여기는 명령이라면 제후의 나라는 망하게 된다. 일반 민중이 자신의 몸을 다스리는 데 있어 마음으로부터 명령을 받았을지라도 그 명령이 마음에 부당하게 여겨지면 자신의 몸이 죽음에 이르게 되는 것이다.

 이 세상의 모든 재앙이라는 것이 시작되는 작은 뿌리는 뽑아 없애기가 극히 쉽다. 또 그 재앙을 뿌리 뽑지 못할 때는 피하면 된다. 그런데 재앙이 차츰 커지면 통제할 수가 없다. 통제할 수가 없으면 피할 수도 없게 된다.

 이 때에는 귀신에게 맡길 수밖에 없게 된다. 귀신에게 맡기게 되면 그 하는 일이란 극히 적은 데도 공로가 많게 된다.

 1천장이나 되는 나무도 처음에는 조그마한 새싹에 불과하다. 이 새싹은 어린아이라도 쉽게 없앨 수 있다. 그런데 이 나무가 차츰차츰 자라 완전히 성장하게 되면 1백명이나 되는 사람을 동원하여 도끼를 사용하더라도 그 나무를 제거하는데 흡족하게 제거할 수가 없다.

불도 마찬가지다. 처음에 하나의 불똥이 튀어서 불씨가 시작될 때에는 곧바로 발로 비벼서 끌 수가 있다. 그러나 이것을 방치하여 그냥 두게 되면 이 불이 여기저기로 번져서 결국은 거대한 불길을 이루고, 이 불길이 초목이 많이 있는 산림으로 붙게 되면 온 천하의 많은 사람들을 동원하고 장강(長江)이나 한수(漢水)의 물을 다 끌어 올리더라도 그 불을 끄기가 어렵다.

모든 재앙의 시작은 조그마한 불똥이나 여리디 여린 새싹과 같다. 이 때에는 없애기가 지극히 쉽다. 이것을 방치하여 두면 자연히 자라고 확대되어서 종말에는 큰 일을 그르치는 데까지 이르게 되는 것이다.

이 때에는 비록 공자와 같은 성인이나 묵적과 같은 어진이가 있더라도 능히 구제할 수가 없다. 모든 재앙은 시작에서부터 없애야 한다.

〔천하를 신하로 삼는 것은 천하를 하나로 한 것이다. 천하를 하나로 하는 자는 천하에 명령하면 행해지고 금지하면 중지된다. 걸이나 주가 천하에 명령하면 행해지지 않았고 금지시키면 그치지 않았다. 그러므로 신하를 얻지 못하였다. 눈이 아름답게 여기는 것을 마음이 불의로 여기면 감히 보지 않는다. 입에서 달게 여기는 것을 마음에서 불의로 여기면 감히 먹지 않는다. 귀에서 즐거워하는 것을 마음에서 불의로 여기면 감히 듣지 않는다. 몸의 편안한 것을 마음에서 불의로 여기면 감히 입지 않는다. 그렇기에 천하에 명령하면 행해지

고 금지하면 중지하는 것은 마음이다. 그러므로 말하기를 "마음이라는 것은 몸의 임금이다." 라고 하였다. 천자가 천하로써 마음으로 명령을 받았는데 마음이 마땅치 않으면 천하의 재앙이 되고, 제후가 나라로써 마음으로 명령을 받았는데 마음이 마땅치 않으면 나라가 망하고, 필부가 몸으로써 마음으로 명령을 받았는데 마음이 마땅치 않으면 몸이 죽게 된다. 재앙의 시작은 없애기가 쉬우며, 없애지 못할 때에는 피하는 것이다. 그 이룸에 이르면 없애려고 해도 없앨 수 없고, 피하려 해도 피할 수 없다. 귀신에게 맡기면 그 일은 적고 공은 많다. 1천장이나 되는 나무도 처음에는 발아래 싹과 같아 제거하기가 쉬우나 성장하면 100사람이 도끼를 사용하여도 능히 넘어뜨리지 못한다. 불똥이 튀어 일어나는 불은 쉽게 끌 수 있으나 활활타는 불이 운몽(雲夢)이나 맹제(孟諸)에 아른거리면 비록 천하의 노력을 동원하고 장강과 한수의 물을 퍼서도 능히 구제하지 못한다. 대저 재앙의 시작은 불똥이나 움트는 싹과 같은 것으로 중지시키기가 쉬우나, 그 큰 일에 이르게 되면 비록 공자나 묵적의 현명함으로도 능히 구제하지 못한다.]

臣天下 一天下也 一天下者 令於天下則行 禁焉則止 桀紂令天下而不行 禁焉而不止 故不得臣也 目之所美 心以爲不義 弗敢視也 口之所甘 心以爲不義 弗敢食也 耳之所樂 心以爲不義 弗敢聽也 身之所安 心以爲不義 弗敢服也 然則令於天下而行 禁焉而止者 心也 故曰心者身之君也 天子以天下受令於心 心不當則天下禍 諸侯以國受令於心 心不當則國亡 匹夫以身受令於心 心不當則身爲戮矣 禍之始也易除 其除之不可者避之 及其成也 欲除之不可 欲避之不可 治於神者 其事少

而功多 干霄¹⁾之木 始若蘖足²⁾ 易去也 及其成達也 百人用斧斤 弗能債也 熛火³⁾始起 易息也 及其焚雲夢孟諸⁴⁾ 雖以天下之役 抒江漢⁵⁾之水 弗能救也 夫禍之始也 猶熛火蘖足也 易止也 及其措於大事 雖孔子墨翟⁶⁾之賢 弗能救也

1) 干霄(간소) : 간소는 천장(千丈)의 오류라고 했다.
2) 足(족) : 연문(衍文)이라고 했다.
3) 熛火(표화) : 불똥이 튀어서 일어나는 불.
4) 雲夢孟諸(운몽맹제) : 운몽은 초(楚)나라에 있던 사방 9백리나 되는 큰 연못. 맹제는 송(宋)나라에 있는 거대한 습지의 하나.
5) 江漢(강한) : 장강(長江)과 한수(漢水).
6) 孔子墨翟(공자묵적) : 공자는 중니(仲尼)인 공구(孔丘)를 말하고, 묵적은 묵자(墨子)로 겸애설을 주창한 사람이다.

3. 어려운 사람을 도와주면 복을 받는다

집에 불이 났을 때 다른 사람에게 도움을 받으면 그 덕을 잊지 않고 기억한다.

오랜 세월동안 풍파를 겪은 사람은 집안에 진흙을 잘 발라 화재가 일어나지 않게 집을 잘 꾸미고 깊은 배려를 하여 자신이 저 세상으로 갈 때까지 집이 불타는 근심거리를 없앰으로써 다른 사람에게 덕을 받는 것을 알지 못하는 것이다.

죄없이 옥살이를 하는 사람을 감옥에 들어가 풀어주면 처족, 외족, 친족의 삼족에게 감사해 하는 덕을 받는다. 인(仁)과 의(義)와 자혜와 공손으로써 가르치면 자신의 몸이 마치도록 근심이나 걱정은 없지만 덕을 느끼는 것은 없어진다.

대저 재앙이라는 것은 또한 갑자기 일어나는 것이다.

어질고 현명한 사람이 천하에서 행동하면서 모든 힘을 기울여 재앙을 막는데 힘쓴다면, 천하에는 전쟁으로 인한 재앙이 없을 것이며 아울러 이 어진이가 힘써서 전쟁이 일어나지 않는 덕도 알지 못하게 된다.

그러므로 성인(聖人)은 귀신을 다스리고, 어리석은 사람은 밝은 곳에서 서로 공로를 다툰다.

하늘과 땅의 도는 확실한 형태를 볼 수는 없지만 만물이 자라는 것으로 그것을 알 수 있다. 또한 하늘과 땅의 도는 만물을 없애기도 하는데 눈으로 그 도를 볼 수는 없지만 만물은 없어진다.

성인(聖人)의 도도 또한 하늘과 땅의 도와 같다.

그 복을 일으키는데 나타나지는 않지만 복이 일어나고, 그 복을 없애는 데도 사람은 알지 못하였을 뿐이지 그 복을 없애고 있다. 이러한 것을 신인(神人)이라고 한다.

〔집에 불이 났을 때 남이 구제해 주면 덕을 알지만, 나이가 많은 자는 진흙을 바르면서 온돌을 깊게 하는 것으로 몸이 마치도록 불이 날 근심을 없앰으로 덕을 알지 못한다. 감옥에 들어가 근심과 재앙을 만난 자를 풀어주면 삼족(三族)이 덕으로 삼고, 인과 의와 사랑과 공손으로 가르치면 몸이 마치도록 근심이 없으나 덕을 느끼는 것은 없다. 대저 재앙이란 갑작스레 있으므로 어진이가 천하를 얻어 행동하며 막는데 힘쓴다면 천하에 전쟁의 재앙이 없지만 덕을 알 수 없는 것이다. 그러므로 성인은 귀신을 다스리고 어리석은 사람은 밝은데에서 다투는 것이다. 천지의 도가 만물을 성장하게 하는데 나타나지 않아도 만물은 자라고, 만물을 망하게 하는데 나타나지 않아도 만물

은 없어진다. 성인의 도도 또한 이와 같다. 그 복을 일으키는데 사람이 보지 못하지만 복이 일어나고, 그 재앙을 없애는 데도 사람은 알지 못하지만 재앙은 없어진다. 그러므로 신인(神人)이라고 한다.〕

屋焚而人救之 則知德之 年老者使塗隙戒突¹⁾ 故終身無失火之患 而不知德也 入於囹圄²⁾ 解於患難者³⁾ 則三族德之 敎之以仁義慈悌 則終身無患 而莫之德 夫禍亦有突 賢者行天下而務塞之 則天下無兵患⁴⁾矣 而莫之知德也 故曰聖人治於神 愚人爭於明也 天地之道 莫見其所以長物而物長 莫見其所以亡物而物亡 聖人之道亦然 其興福也 人莫之見 而福興矣 其除禍也 人莫之知 而禍除矣 故曰神人

1) 突(돌) : 돌은 '깊다'의 뜻이라고 했다. 심(深)의 뜻.
2) 囹圄(영어) : 감옥.
3) 患難者(환난자) : 죄없이 감옥에 들어간 사람.
4) 兵患(병환) : 전쟁의 뜻.

4. 귀신이란 만물의 법도이다

이 세상에서 사람들을 재물로써 풍요롭게 해주는 것을 인(仁)이라고 하고, 이 세상에서 사람들을 위해 힘써 수고하는 것을 의(義)라고 하고, 이 세상에서 사람들과 함께 살면서 각자에게 알맞게 분배해 주는 것을 신(神)이라고 하는 것이다.

앞서간 선왕(先王)들이 전해준 업(業)을 잘 닦아 재앙과 어지러움이 일어날 근본을 없앤다.

온 세상의 대장부들에게는 밭을 갈게 하여 먹을 것을 얻게 하고 부인들에게는 베를 짜게 하여 의복을 장만하여 입게 하면, 대개의 사람들은 저마다 머리에 이고 지고 다니고 아버지와 아들은 서로 보호하게 되는 것이다.

이것은 모든 만물이 각각의 삶을 찾도록 분배한 것이며 온 천하 사람들에게 재물로써 보충하여 준 것으로 이러한 자연의 섭리란 돈으로 계산할 수 없는 것이다.

귀신이라는 것은 천하 모든 만물의 시작이며 천하 모든 일의 실마리가 되는 것이다.

〔천하를 재물로써 이익되게 하는 것은 인(仁)이 되고, 천하에 힘으로써 수고하는 것은 의(義)가 되고, 천하에 삶으로써 나누는 것은 신(神)이 된다. 선왕의 술(術)을 닦고 화란(禍難)의 근본을 없애며 천하의 대장부로 하여금 밭갈고 먹으며 부인으로 하여금 베를 짜서 옷을 만들어 입으며 그 머리에 이고 지고, 부자(父子)가 서로 보호한다면, 이것은 만물을 생으로 나누고 천하를 재물로써 채운 것으로 계산할 수 없는 것이다. 신(神)이라는 것은 만물의 시작이요, 만사(萬事)의 법인 것이다.〕

益天下以財爲仁 勞天下以力爲義 分天下以生爲神 修先王[1]之術 除禍難之本 使天下丈夫耕而食 婦人織而衣 皆得戴其首 父子相保 此其分萬物以生 益[2]天下以財 不可勝計也 神也者 萬物之始 萬事之紀也

1) 先王(선왕) : 앞서간 현군(賢君). 요순우탕문무(堯舜禹湯文武)의 임금들.
2) 益(익) : 익은 영(盈)의 잘못이라고 한다.

제3편 네 가지의 거동〔四儀〕

1. 네 가지를 잘 지키면 명예가 있다

인간이 행동하고 말하는 데 있어서 갖춰야 할 중요한 네 가지의 거동이 있다.

첫째 마음대로 활동하더라도 인(仁)을 잊지 않아야 한다는 것이다. 항상 인이 내포된 행동을 해야 한다.

둘째는 지혜를 사용하는데 있어서는 의(義)의 범위 내에서 사용해야 한다는 것이다. 불의에는 지혜를 사용하지 않아야 한다.

셋째는 모든 정력을 쏟아 일을 할 때에는 충성을 저버리면 안 된다는 것이다. 성심성의껏 일하는 것은 충성을 다하는 것이다.

넷째는 입으로 말을 하는 데는 항상 지키지 못할 것은 말하지 않아야 한다. 말을 한 것은 행동과 일치가 되어야 한다.

이상 네 가지의 사항을 잘 지키면 자신의 몸이 이 세상을 떠나더라도 명예와 공로가 따를 것이다.

이러한 것은 형체가 있으면 그림자가 있고 소리가 있으면 울림이 있는 것과 같은 것이다.

또한 마음의 뜻이 인(仁)을 잊지 않으면 사람의 마음이 너그럽고 부드러워지며 지혜를 사용하되 의리를 잊지 않으면 행동하는 데도 문채(文彩)의 조리(調理)가 있게 된다. 힘써 일하면서 충성을 잊지 않으면 활동하는데 항상 공로가 있게 된다. 입으로 말을 내는데 믿음을 잊지 않으면 모든 언어가 행동과 일치가 되어 부절(符節)을 합한 것과 같이 모든 것에 알맞게 된다.

이와 같이 마음이 관대하고 부드러우며 행동하는데 문채(文彩)가 있게 되고 활동하는데 공로가 있으며 언어에 믿음이 있게 된다.

옛날에 많은 공로를 세우고 큰 명예를 남긴 이는 온 천하의 밖에까지 그 이름이 알려지고 만세의 후손도 그 명성을 알게 되는 것이다.

자신을 위한 몸가짐이 이 네 가지 사항 외에 더할 것이 없다.

[행동에는 네 가지의 거동이 있다. 첫째가 마음이 움직여도 인(仁)을 잊지 않는 것이요, 둘째는 지혜를 활용하되 의를 잊지 않는 것이요, 셋째는 힘으로 일하되 충(忠)을 잊지 않는 것이요, 넷째는 입으로 말하되 믿음을 잊지 않는 것이다. 이 네 가지의 거동을 잘 지켜서 그 몸을 마치면 이름과 공로가 따르는 것이다. 이것은 모습에는 그림자가 있고 소리에는 울림이 있는 것과 같다. 그러므로 뜻이 인을 잊지 아니하면 속이 능히 관유하고 지혜가 의를 잊지 아니하면 행동에 문리(文理)가 있고 힘쓰는데 충성을 잊지 아니하면 움직이는데 공로를 없애지 아니하고 입이 믿음을 잊지 아니하면 말이 항상 부합하게 된다. 속이 관유하고 문리(文理)가 행해지며 행동이 공로가 있고 언어가 가히 믿음이 있다. 옛날에 높은 공과 큰 이름을 남긴 자는 사해(四海)의 밖에도 나타나고 만세의 후에도 알려지는 것이다. 그 몸소 실천한 것은 이에 더 보탤 것이 없다.]

行有四儀 一曰志動不忘仁 二曰智用不忘義 三曰力事不忘忠 四曰口言不忘信 愼守四儀[1] 以終其身 名功之從之也 猶形之有影 聲之有響也 是故志不忘仁 則中能寬裕 智不忘義 則行有文理 力不忘忠 則動無廢功 口不忘信 則言若符節[2] 若中寬裕而行文理 動有功而言可信也 雖古之有厚功大名[3] 見於四海之外 知於萬世之後者 其行身也 無以加於此矣

1) 四儀(사의) : 네 가지의 행동거지.
2) 符節(부절) : 부신(符信). 나무조각이나 대조각에 글을 쓰고 증인(證印)을 찍은 후에 두 쪽으로 쪼개서 한 조각은 상대에게 주고 다른 한 조각은 자신이 보관하고 있다가 후일에 서로 맞추어 증거로 삼는 것.
3) 厚功大名(후공대명) : 대단한 공적 큰 이름. 공로가 많고 이름이 세상에 알려진 것을 뜻한다.

제4편 정사를 보는 궁전〔明堂〕

1. 천하를 이롭게 하는 지름길

높고 높아야 밝게 비출 수가 있고 높은 지위에 있어야 귀한 것이며 이러한 것은 온 세상에 이로움을 줄 수 있는 지름길이다.

인(仁)한 사람을 가벼이 여겨서는 안된다.

어찌하여 그러한 것을 알 수 있을 것인가.

태양이 저 멀리까지 밝게 비추어 줄 수 있는 것은 태양이 아주 높은 곳에 있기 때문이다. 만약 태양이 작은 우물 속에 있다면 그 태양은 열 걸음도 비추어 주지 못할 것이다.

순(舜)임금이 재야(在野)에 있을 때 질그릇을 구웠는데 질그릇을 굽는 일로는 순임금이 살던 마을에 조차 도움을 주지 못했다.

임금의 자리에 올라 천하를 다스리는 임금이 되었을 때 남방의 미개민족과 동쪽의 미개민족과 서쪽의 미개민족과 북쪽의 미개민족까지도 다 순임금의 다스림의 덕택을 입었다.

사람의 눈이 발 밑에 있다면 아무것도 볼 수가 없으니 그 눈은 필요가 없다.

▨ 세상의 모든 일은 그 시기와 장소가 다 알맞아야만 한다는 것이다.

〔대저 높은 것이 빛나고 높은 지위가 귀한 것은 천하를 이롭게 하는 길이다. 인자(仁者)가 가벼이 할 바가 아니다. 어찌 그러한 것을 알 것인가? 태양이 능히 멀리 비추는 것은 형세가 높기 때문이다. 만일 태양이 우물 속에 있다면 능히 10보를 비추지 못할 것이다. 순임금이 바야흐로 질그릇을 구운 것은 능히 그 마을을 이롭게 하지 못했다. 남면하고 천하의 임금이 되었을 때는 만이융적(蠻夷戎狄)이 다 그 복(福)을 입었다. 눈이 발 아래 있으면 가히 볼 수가 없다.〕

夫高顯尊貴 利天下之徑[1]也 非仁者之所以輕也 何以知其然耶 日之能燭遠 勢高也 使日在井中 則不能燭十步矣 舜[2]之方陶[3]也 不能利其巷下[4] 南面而君天下 蠻夷戎狄[5] 皆被其福 目在足下 則不可以視矣

1) 徑(경) : 지름길. 빨리 갈 수 있는 길.
2) 舜(순) : 순임금. 이름은 중화(重華)요, 고수(瞽瞍)의 아들이다. 유우씨(有虞氏). 요(堯)임금에게 임금의 자리를 물려받음.
3) 方陶(방도) : 질그릇을 굽는 일을 하다.
4) 巷下(항하) : 자신이 사는 마을.
5) 蠻夷戎狄(만이융적) : 만은 남쪽 오랑캐. 이는 동쪽 오랑캐. 융은 서쪽 오랑캐. 적은 북쪽 오랑캐.

2. 땅은 모든 사물을 감싸준다

하늘은 높고 밝아 이 세상 모든 만물을 비춰주고 땅은 넓고 넓어 땅 위의 모든 사물을 품안에 안아 감싸주고 있는 것이다.

하늘과 땅이 근본적으로 순수하지 않으면 하늘과 땅의 도에

의해 자라는 모든 만물들의 잎이나 줄기가 아름다움을 얻지 못
하게 되는 것이다. 이러한 진리는 옛날이나 지금이나 한결같은
큰 줄기이다.
 그러므로 성군(聖君)은 조심하고 삼가하여 그 자신을 수양하
고 수양한 뒤에는 천하의 왕으로 군림하는 것으로 하늘의 도가
이르게 되고 땅이 모든 만물을 자라게 하는 도로써 헤아려 모
든 땅 위의 만물을 잴 수가 있는 것이다.
 옛날에 명철한 임금이 어진이를 등용하는 것도 이와 같았다.
 멀고 가까운 것을 따지지 않고 귀하고 천한 것을 따지지 않았
으며 자신의 지위도 때에 따라서는 어진이보다 아래에 하여 자
신을 가볍게 여겨 선비를 대접하였다.
 그러므로 요(堯)임금이 밭도랑에서 일하는 순(舜)을 신하로
등용할 때에는 신하의 예로써 찾아가 임금의 체통을 버리고 예
의를 갖춰 대접하여 상하의 관계를 따지지 않았다.
 이것은 앞서간 어진 임금이 하늘과 땅의 도를 바르게 하고 모
든 만물을 이롭게 한 증거이기도 한 것이다.

 〔하늘이 높고 밝은 연후에 능히 만물을 비추어 임하고, 땅은 넓
고 큰 연후에 능히 모든 물체를 실어 맡는다. 그 근본이 아름답지
아니하면 그 가지와 잎과 줄기와 중심이 아름다움을 얻지 못한다.
이러한 사실은 옛날이나 지금이나 다같은 큰 줄기이다. 그러므로
성왕(聖王)이 삼가하여 그 몸을 닦고 천하의 임금의 지위를 얻으
면 하늘의 도(道)가 이르고 땅의 도(道)로 헤아리며 모든 만물을
자로 잴 수 있는 것이다. 옛날에는 명철한 임금이 어진이를 구하
면서 멀고 가까운 것을 가리지 않았고 귀하고 천한 것을 논하지

않았다. 자신의 지위를 낮추고 어진이보다 밑에 하여 자신의 몸을 가볍게 하고 선비를 먼저하였으므로, 요(堯)임금이 순(舜)임금을 밭도랑 가운데에서 따랐으며 북면(北面)하여 보고 예절의 몸가짐을 다투지 않았다. 이것이야 말로 선왕(先王)께서 하늘과 땅을 바르게 하고 만물을 이롭게 하는 까닭이었다.]

天高明然後能燭臨萬物 地廣大然後能載任群體 其本不美 則其枝葉莖心¹⁾不得美矣 此古今之大徑也 是故聖王謹修其身 以君天下 則天道至焉 地道稽焉 萬物度焉 古者明王之求賢也 不避遠近 不論貴賤 卑爵以下賢²⁾ 輕身以先士 故堯³⁾從舜於畎畝之中 北面而見之 不爭禮貌 此先王之所以能正天地 利萬物之故也

1) 莖心(경심) : 줄기.
2) 下賢(하현) : 현명한 자보다 밑에 하다. 아래하다.
3) 堯(요) : 제요도당씨(帝堯陶唐氏)로 요임금. 제곡(帝嚳)의 아들. 왕위를 순(舜)임금에게 물려주어 요순(堯舜)의 태평성대를 이루었다.

3. 신비한 거북이나 용도 내려오지 않는다

지금의 세상에서 임금의 지위에 있는 사람들은 많은 토지를 가지고 있으면서도 더 많은 땅을 탐하고 그 휘하세력의 강한 힘을 이용하여 남의 것을 약탈하고 또 선비에게는 교만하고 방자하게 굴고 있다.

선비는 또한 그 덕행을 닦는 데만 힘써야 하는데도 덕행은 외면한 채 그 도술(道術)을 배우는 것만 아름다운 것으로 생각해 윗사람을 하찮게 여기고 있다.

이러한 일은 어진이들이 나쁘다고 하는 것들이다.

증자(曾子)가 말하였다.

"남을 취할 때에는 반드시 두려워하면서도, 남에게 줄 때에는 반드시 교만해 한다."

지금 설명하는 사람은 두려움을 품고 듣는 사람은 교만한 태도를 가진다면, 의를 행한다는 것이 얼마나 어려운 것인가.

어진이를 구하지 않고 선비를 모욕하면서도 온 세상에 크나큰 이름을 남긴 사람은 내 일찍이 듣지 못하였다.

대개 선비란 허황되게 이루지 아니하는 것이다.

엎어진 새집에서 떨어진 모든 새알은 다 깨지는 것 같이 근본이 무너지면 지엽적인 것이 따라서 무너지므로 성인의 세상에 나타나는 영물인 봉황도 이르지 않고, 짐승의 배를 가르고 태를 꺼내 먹거나 요상한 행동을 하는 곳에는 성인의 세상에 나타나는 영물인 기린도 나타나지 않는다.

바싹 마른 연못에서 모든 고기를 잡아올리는 매정한 행동을 하는 곳에는 신령한 거북이나 용도 내려오지 않는다.

대개 새와 짐승같은 어리석은 동물이라도 망령되게 이르지 않는 것인데, 하물며 따뜻한 방안에서 쌀을 익혀 먹는 만물의 영장인 지혜를 가진 일반 민중이 예의가 없어서야 되겠는가?

〔지금의 제후라는 임금은 그 토지의 부를 넓히고 그 군사의 강력한 것으로 약탈하고 선비에게 교만하며, 선비는 또한 그 덕행에 힘쓰기보다는 그 도술(道術)을 아름답게 여겨 윗사람을 가벼이 여기나니 이것은 어진 자가 잘못이라 하는 것들이다. 증자가 말하기를 "사람을 취하는 자는 반드시 두려워하면서 사람에게 주는 자는 반

드시 교만하다."고 했다. 지금 유세하는 자는 두려움을 품고 듣는 자는 교만함을 품나니 이로써 의를 행한다고 한들 또 어렵지 않겠는가. 어진이를 구하는데 선비에 힘쓰지 않고도 능히 큰 이름을 천하에 이루었다는 자는 일찍부터 듣지 못하였다. 대저 선비는 망령되이 이르지 않는다. 새집이 엎어져 알이 다 깨지면 봉황새가 이르지 않고, 태를 자르고 요사를 일으키면 기린이 오지 않고, 마른 연못에서 고기를 모두 잡아올리면 신비한 용이 내려오지 않는다. 대저 새와 짐승이 어리석은 데도 가히 망령되게 이르지 않는 것인데 하물며 밥을 지어 먹는 백성이랴.]

今諸侯之君[1] 廣其土地之富 而奮其兵革[2]之强以驕士[3] 士亦務其德行 美其道術以輕上 此仁者之所非也 曾子曰 取人者必畏 與人者必驕 今說者懷畏 而聽者懷驕 以此行義 不亦難乎 非求賢務士[4] 而能致大名於天下者 未之嘗聞也 夫士不可妄致也 覆巢破卵[5] 則鳳皇不至焉 刳胎焚夭[6] 則麒麟不往焉 竭澤漉魚[7] 則神龍[8]不下焉 夫禽獸之愚而不可妄致也 而況於火食之民乎

1) 諸侯之君(제후지군) : 제후가 된 임금.
2) 兵革(병혁) : 군사.
3) 驕士(교사) : 선비에게 교만하게 굴다.
4) 務士(무사) : 선비를 업신여기다.
5) 覆巢破卵(복소파란) : 엎어진 새집의 알이 다 깨지다. 곧 근본이 쓰러지면 그 안의 모든 것이 파괴된다는 뜻.
6) 刳胎焚夭(과태분요) : 짐승의 배를 갈라 태를 꺼내고 요망한 일을 하다.
7) 漉魚(녹어) : 물고기를 채질하듯 씨를 말리는 일.
8) 神龍(신룡) : 신비한 용. 신령한 용으로 상상의 동물.

4. 바다는 가장 밑에 있어서 모든 물들이 흘러든다

 이 세상에서 학자를 대접할 때 존경하는 마음이 없고 학자를 초빙하면서도 학자를 믿지 않으면 고명한 학자는 왕림하지 않는다. 또 그 고명한 학자의 말을 듣고도 귀와 눈빛이 새로운 학설을 들었을 때처럼 경탄하는 빛이 없고 그 학자의 고명한 말을 듣는 것이 별로 신중하지 않으면 어떠한 학자라도 좋은 말을 하려 하지 않는다.

 공자가 말하였다.

 "대단하구나. 황하(黃河)와 바다가 모든 물보다 제일 아래에 처한 것이여."

 대개 황하와 바다는 천하의 모든 개울물보다 밑에 있어서 모든 물들이 흘러들어 넓은 것이며 사람은 천하의 모든 학자보다 아래함으로써 학자들이 함께 하여 큰 것이다.

 그러므로 학자에게 아래하는 자는 고명한 학자를 얻을 수 있고 원수에게 아래한 자는 친구를 얻는 것이며 모든 이에게 아래하는 자는 명예를 얻는 것이다.

 이러한 것은 지나간 과거를 헤아리고 앞서간 선왕들을 관찰해 보더라도 고명한 학자를 구하고 학자를 교육시켜 배출하는 것을 도외시하고 천하에 큰 업적을 남기고 후세에 길이 이름을 남게 한 자는 한 사람도 있지 않았다.

 대개 학자를 구하는 데 있어서도 선왕이 행한 그 길을 따르지 않고 학자들이 오도록 한 사람을 한 사람도 보지 못했다. 이런 사실로 보더라도 앞서간 왕들이 행동한 기본 도리를 알 수 있는 것이며 이 모든 것은 자기 자신이 당연히 힘써 실천에 옮겨야 할 뿐이다.

〔선비를 대접하는데 공경하지 않고 선비를 천거하는데 믿음으로 하지 않으면 훌륭한 선비가 오지 않는다. 남의 말을 듣는데 귀와 눈이 놀라지 않고 보고 듣는 것이 깊지 않으면 좋은 말이 이르지 않는다. 공자가 말하기를 "크도다! 하해(河海)여. 낮춤이여." 라고 했다. 대저 황하는 천하의 모든 시냇물 아래에 있으므로 넓고, 사람은 천하의 선비 아래에 있으므로 크다. 그러므로 선비에 아래한 자는 어진이를 얻고, 적에 아래한 자는 벗을 얻고, 무리에 아래한 자는 명예를 얻는다. 이는 지나간 옛날을 헤아리고 앞선 왕들을 보더라도, 어진이를 구하는데 선비에 힘쓰지 않고 능히 공로를 천하에 세우고 이름을 후세에 이룬 자는 일찍부터 있지 아니하였다. 대저 선비를 구하는데 그 도를 따르지 않고 능히 선비를 이르게 한 자는 일찍이 보지 못하였다. 그렇다면 선왕의 도를 가히 알 것이니 자신이 힘써서 행동하는 것일 뿐이다.〕

是故曰待士不敬 擧士不信 則善士[1]不往焉 聽言耳目不瞿 視聽不深 則善言不往焉 孔子曰 大哉河海[2]乎 下之也 夫河下天下之川故廣 人下天下之士故大 故曰下士者得賢 下敵者得友 下衆者得譽 故度於往古 觀於先王 非求賢務士 而能立功於天下 成名於後世者 未之嘗有也 夫求士不遵其道 而能致士者 未之嘗見也 然則先王之道可知 己務行之而已矣

1) 善士(선사) : 좋은 선비. 덕성이 착한 어진 선비.
2) 河海(하해) : 황하와 바다.

제5편 마땅히 해야 할 본분〔分〕

1. 모든 것이 본분을 얻어야 성인(成人)이다

하늘과 땅이 자연계의 모든 만물을 태어나게 하면 성인(聖人)은 그것들을 적절하게 안배하고 잘 재배한다.

그런 연후에 다시 만물을 각자의 성분에 따라 분배하여 그 본분을 부여한다. 또한 일을 편안하게 하기 위하여 각각의 자리에 관리를 세워 일을 관장하게 한다.

임금이나 신하, 부모나 자식, 윗사람이나 아랫사람, 어른이나 어린아이, 귀한 이나 천박한 이, 친한 이나 소원한 이가 다 각각 자신의 본분을 얻은 것을 '다스림'이라고 하는 것이다.

사랑이라는 것이 그 제대로의 본분을 얻으면 인(仁)이라고 일컫는 것이요, 모든 이에게 베푸는 것이 그 본분을 얻으면 의(義)라고 일컫는 것이요, 사려가 그 본분을 얻어 잘 활용되는 것을 지(智)라고 일컫는 것이요, 활동하는 것이 적절한 그 본분을 얻어 중용(中庸)의 도에 이른 것을 적(適)이라고 일컫는 것이요, 언어가 사리에 알맞게 그 본분을 얻은 것을 신(信)이라고 일컫는 것이다.

이상의 모든 것이 다 그 본분을 얻어 이루어지면 그 뒤에는 완성된 인간이 이루어지는 것이다. 이것은 뛰어난 임금이 나라를 다스리는 방법이다.

〔천지가 만물을 태어나게 하고 성인(聖人)은 이를 알맞게 한다. 만물을 알맞게 조절하기 위하여 직분을 맡기고 일을 편리하게 하기 위하여 벼슬을 세웠다. 임금과 신하, 아버지와 아들, 위와 아래, 어른과 어린이, 귀한 이와 천한 이, 친밀하고 소원한 것 등이 다 그 본분을 얻은 것을 치(治:다스림)라고 한다. 사랑하는 것이 본분을 얻으면 인(仁)이라고 하고, 베푸는 것이 본분을 얻으면 의(義)라고 하고, 생각하는 것이 본분을 얻으면 지(智)라고 하고, 활동하는 것이 본분을 얻으면 적(適)이라 하고, 말이 본분을 얻으면 신(信)이라고 하며, 모든 것이 다 그 본분을 얻은 후에야 완성된 사람이 되는 것이다. 이것이 명왕(明王)의 백성 다스림이다.〕

天地生萬物 聖人裁之[1] 裁物以制分[2] 便事以立官[3] 君臣父子 上下長幼 貴賤親疎 皆得其分曰治 愛得分曰仁 施得分曰義 慮得分曰智 動得分曰適 言得分曰信 皆得其分而後爲成人[4] 明王之治民也

1) 裁之(재지) : 고르게 하고 배양하다.
2) 制分(제분) : 본분을 제정하다.
3) 立官(입관) : 관직을 세우다.
4) 成人(성인) : 완전한 인간이 되다.

2. 뛰어난 군주가 천하를 다스리면 …

이 세상에서 뛰어난 임금이 백성을 다스린다면, 하는 일이 적어도 많은 공로를 세우고 몸을 수고하지 않고 편안하게 있어도 나라가 다스려지며 말은 필요한 말만 하여도 명령이 천하에 행해진다.

하는 일이 별로 없어도 공로가 많다는 것은 요체를 지키기 때문이다. 몸이 편안하여도 나라가 다스려진다는 것은 어진 인재를 등용하여 썼기 때문이다. 필요한 말만 하여도 명령이 천하에 시행된다는 것은 이름을 바로잡았기 때문이다.

사람의 제왕이 된 자는 진실로 이름을 바로잡아야 한다. 이름을 바로잡아야만이 어리석은 자나 현명한 사람이 자신의 성심성의를 바쳐 한 곳에 집중하여 정진하는 것이다.

이로 인하여 좋은 이름이 스스로 바로잡히고 좋은 일들이 스스로 결정되는 것이며 상과 벌이 실체를 따르게 되어 모든 민중이 존경하여 복종하는 것이다.

이것은 주(周)나라의 주공(周公)이 천하를 다스린 방법이다.

주공이 천하를 다스릴 때에는 술과 고기안주가 항상 앞에 놓여 있었으며 음악이 항상 갖추어져 있었다.

음악을 즐기면서 나라의 정치를 돌보는 것은 노력하는 일이 별로 없는 것이다. 술을 마시면서 현명한 신하를 등용하여 쓰면 지혜 쓸 일이 별로 없게 된다. 스스로 알아서 노력하게 하여 백성이 부유해지면 인(仁)을 쓸 일이 별로 없다.

이러한 도리를 깨우친 임금이 나라를 다스리는 데 있어서는 일반 백성과 높은 지위에 있는 사람들이 나라의 중요한 토목사업에서 함께 일을 하게 되며 어리석은 자와 지혜로운 자가 편가르지 않고 합심하여 자신의 온 힘을 다 쏟게 되는 것이다.

〔일은 적어도 공은 세워진다. 몸이 편안해도 나라는 다스려진다. 말이 적어도 명령은 행해진다. 일이 적은데도 공로가 많은 것은 요점을 지키기 때문이요, 편안하고도 나라가 다스려진 것은 어진이를 썼기 때문이요, 말이 적어도 명령이 행해진 것은 이름을 바로잡은 것이다. 사람의 임금된 자는 진실로 능히 이름을 바로잡고 어리석은 이와 지혜로운 이가 진정을 다하고 한 곳에 집중하여 매진하면 좋은 이름이 스스로 바르게 되고 좋은 일들이 스스로 정해지며 상과 벌이 이름을 따르고 백성이 공경하지 아니함이 없으니 주공(周公)의 천하 다스림이다. 술과 고기가 떨어지지 않았고 종과 북이 치워지지 않았다. 음악을 듣고 나라를 다스렸으므로 수고할 일이 없었다. 술을 마시고 지혜로운 이를 들어 썼으므로 지혜를 쓸 일이 없었다. 스스로 알아서 해도 백성이 부자가 되었으니 인(仁)을 펼 일이 없었다. 이러한 도를 깨우치면 서민과 지혜로운 이가 함께 부역을 하고 어리석은 이와 지혜로운 이가 성심을 다한다.〕

事少而功立 身逸而國治 言寡而令行 事少而功多 守要[1]也 身逸而國治 用賢也 言寡而令行 正名也 君人者苟能正名[2] 愚智盡情 執一以靜 令名自正 令事自定 賞罰隨名 民莫不敬 周公[3]之治天下也 酒肉不徹於前 鐘鼓[4]不解於懸 聽樂而國治 勞無事焉 飮酒而賢擧 智無事焉 自爲而民富 仁無事焉 知此道也[5]者 衆賢爲役 愚智盡情矣

제5편 마땅히 해야 할 본분〔分〕 61

1) 守要(수요) : 요체를 지키다.
2) 正名(정명) : 이름을 바로잡다. 이름을 바르게 하다.
3) 周公(주공) : 주(周)나라의 주공단(周公旦)을 말한다. 문왕의 아들로 무왕(武王)의 동생.
4) 鐘鼓(종고) : 음악의 총칭.
5) 也(야) : 이 글자는 쓸데없는 글자라고 했다.

3. 요임금과 순임금이라도 고치지 못한다.

뛰어난 제왕이 다스리는 도는 행하기가 쉬운 것이다.
자신의 몸을 수고롭게 하지 않고 한 걸음의 걸음을 걷지 않아도 나라의 옥사(獄事)를 듣는데 있어, 순(舜)임금의 신하이며 옥사(獄事)의 권위자인 고요(皐陶)보다 뒤지지 않는다.
식생활에서 한 가지의 음식을 빼내지 않더라도 백성이 풍요롭게 사는 것이 순임금시대보다 뒤지지 않는다.
즐기는 음악을 하루도 거르지 않고도 군사를 부리는데 있어서는 상(商:殷)나라의 탕왕(湯王)이나 주(周)나라의 무왕(武王)에 뒤지지 않는다.
서고에 서적이 한 자를 채우지 못하였을지라도 제왕의 자리에 위용을 갖추고 앉아 한 마디의 호령으로써 나라를 다스릴 수 있는 것이다.
요임금이나 순임금이 다시 태어난다고 하더라도 능히 고치지 못할 것이 있는데 이것은 자신의 몸이 별 변화가 없어도 나라는 다스려지고 나라에도 별 변화가 없는데도 제왕노릇을 할 수 있는 것이다.

은(殷)나라의 탕(湯)임금이나 주(周)나라의 무왕(武王)이 다시 태어난다고 하더라도 능히 고치지 못할 것이 있는데 이것은 모든 마음을 한 곳으로 집중시키는 도이며 지혜와 교묘한 것을 버리는 것이다.
 순임금이 천하의 제왕이 되었을 때에는 온 천하를 시켜서 선을 순임금에게 바치게 한 것이었으며, 은(殷)나라와 주(周)나라가 천하의 제왕으로 군림하게 된 것은 온 천하의 사람들로 하여금 재주를 바치게 한 것이었다.
 대개 일반인이나 현명한 사람까지도 다 함께 참여하여 같이 일한 것은 순임금시대의 지극히 왕성한 덕치(德治)에 의한 것이었다.

 〔뛰어난 제왕의 도는 행하기가 쉽다. 노력을 한 보도 하지 않고도 옥사를 듣는데 고요(皐陶)보다 뒤지지 않으며, 먹는데 한 가지 맛을 덜지 않더라도 부자로 사는 백성이 우순(虞舜)시대보다 뒤지지 않으며, 음악이 하루도 빠지지 않아도 군사를 사용하는데 탕(湯)왕이나 무왕(武王)에 뒤지지 않으며, 서적이 한 자가 차지 않더라도 남면(南面)하고 서서 한 마디 말로 나라가 다스려진다. 요순임금이 다시 태어난다고 하더라도 능히 고치지 못할 것이 있는데 몸에는 변화가 없어도 다스려지고 나라에 변화가 없는데도 왕으로 군림하는 것이다. 탕왕(湯王)이나 무왕(武王)이 다시 태어난다고 하더라도 능히 고치지 못할 것이 있는데 한 곳에 집중하는 도(道)로써 지혜와 교묘한 것을 버리는 것이다. 순임금이 천하의 왕이 된 것은 천하를 시켜서 선을 바친 것이요, 은(殷)나라와 주(周)나라가 천하의 군주가 된 것은 천하를 시켜서 재주를 바친 것이다. 대저 민중이나 현명

제5편 마땅히 해야 할 본분[分] 63

한 사람을 다 함께 포용한 것은 순임금시대의 성대한 덕이었다.]

明王之道易行也 勞不進一步 聽獄¹⁾不後皐陶²⁾ 食不損一味 富民不後虞舜 樂不損一日 用兵不後湯武³⁾ 書之不盈尺簡 南面⁴⁾而立 一言而國治 堯舜復生 弗能更也 身無變而治 國無變而王 湯武復生 弗能更也 執一之道 去智與巧 有虞之君天下也 使天下貢善 殷周之君天下也 使天下貢才 夫至衆賢而能用之 此有虞之盛德也

1) 聽獄(청옥) : 옥사를 듣다. 형벌을 다스리는 일을 맡다.
2) 皐陶(고요) : 요(堯)임금의 신하로 형벌을 다스리는 직책을 맡은 신하.
3) 湯武(탕무) : 탕(湯)은 탕왕으로 하(夏)나라의 걸(桀)왕을 무너뜨리고 은왕조(殷王朝)를 세운 왕. 무(武)는 무왕(武王)으로 문왕(文王)의 아들이며 은(殷)나라의 주(紂)왕을 정벌하고 주왕조(周王朝)를 세운 임금. 이름은 발(發).
4) 南面(남면) : 임금의 지위. 임금이 조정에서 남쪽을 향하여 앉으면 신하는 북면하여 있는 것으로 임금을 일컫는 말.

4. 이 세상에서 출세하려면 갖춰야 할 것

어버이와 임금과 벗, 이 세 사람이 다 버리게 되면 그 사람은 이 세상에서 출세할 수가 없다.

어버이와 임금과 벗, 이 세 사람이 잘한다고 칭찬하게 되면 그 사람은 이 세상에서 반드시 등용하여 쓰이게 된다.

아버지가 불효한다고 일컫고 임금이 충성스럽지 않다고 하고 벗들이 신용이 없다고 한다면 그 사람은 이 세상에서 아무리 발

버둥쳐도 출세할 수가 없는 것이다.

　아버지가 효자라고 자랑하고 임금이 충신이라고 하며 아끼고 벗들이 그 친구는 믿음이 있다고 하는 말을 듣는 사람은 아무리 스스로는 숨으려 해도 세상에서 그를 초야에 숨어살도록 하지 않는다.

　대개 부절(符節)이 합해지면 옳고 그른 것이 스스로 드러나게 되는 것이며 행동하는 데에도 부절과 같은 것이 있다.

　효도와 충성과 신용의 세 가지가 합해지면 행동이 자연히 드러나게 된다. 이것은 그 사람의 행동을 살피는 잣대이다.

　모든 관리를 다스리고 민중 위에 군림하는 사람이 위로는 법을 헤아려 그 현명한 것을 관찰하고 법을 상고하여 그 죄를 관찰하면 관리가 비록 잘못된 행동을 하고 도망치려 해도 도망칠 곳이 없게 된다. 이것이야 말로 관리들이 자신의 임무를 충실히 이행하는가를 살피는 잣대이다.

　모든 신료들의 어리석고 지혜로운 것을 날마다 그 전날과 비교하여, 그 맡겨진 일을 잘 알고 처리하는 지혜로운 자를 선택하여 그 사람으로 하여금 그 일을 맡게 한다. 모든 신료들이 추천한 사람을 날마다 앞과 비교하여 그중에서 사람을 볼줄 아는 자를 선택하여 그 사람으로 하여금 사람을 천거하도록 한다. 모든 신료들의 잘하고 잘못한 것들을 날마다 앞과 비교하여 그 임무를 완수한 자를 가려 뽑아 그 사람으로 하여금 잘못된 것을 다스리도록 한다. 이와 같이 하면 모든 신하들의 행동을 완전하게 관찰할 수가 있다.

　그 어진 사람을 가려서 쓰게 되면 백성들이 어진 사람을 따라 행실을 잘하려고 서로 경쟁하게 된다. 맡겨진 일을 제대로 처리하는 자에게 다스리게 하면 모든 관료들이 문란해지지 않는다.
　사람을 볼줄 아는 자를 천거하여 쓰면 어진 사람이 등용되지 않는 일이 없다.
　그 일의 성격을 아는 자에게 일을 맡기게 되면 모든 이를 선발하는데 시기를 놓치지 않는다.
　대저 쇠뇌의 틀을 너무 낮추어서 기장과 같게 하면 너무 낮아 당길 수 없고 너무 높여서 벼(?)와 같이 높이면 쏠 수가 없다.
　언어라는 것은 모든 일의 기틀이다.
　성왕(聖王 : 뛰어난 임금)이 조회에서 바른 말을 하게 되면 온 천하가 그 말을 따라 스스로 다스려지는 것이다. 그러므로 "이름을 바르게 하면 거짓이 물러간다."고 했다.
　일이 성사되는 것이 진실로 이름을 규명하는 것의 변화와 같아 온갖 일들이 다 성취되는 것이다.
　대체로 현명한 사람을 임용하고 능력있는 사람을 부리는 것은 자신이 수고하지 않아도 다스릴 수 있는 방법이다. 이름을 바르게 하고 진실을 규명하게 되면 처벌하지 않아도 위엄이 서게 된다.
　사람의 심정에 통달하여 본심을 내보이면 옳고 그른 것이 가려지지 않고 명백해진다.
　근본으로 돌아와 처음부터 시작하는 것은 언어가 부절이 합하는 것과 같은 것이다.
　유능한 조련사가 길들인 말은 수레를 잘 끌고 뛰어난 임금이 다스리는 백성은 다스리기가 쉽다는 것은 위와 같은 이유에서인 것이다.

〔세 사람이 폐지하는 것은 천하에 흥성하지 못한다. 세 사람이 일으키는 것은 천하에서 없어지지 않는다. 어버이가 불효(不孝)라 하고 임금이 불충(不忠)이라 하고 벗들이 불신(不信)이라 하면 천하에 흥성하지 못한다. 어버이가 그 효도를 말하고 임금이 그의 충성을 말하고 벗들이 그의 믿음을 말하면 천하에서 능히 망하지 않는다. 대저 부절(符節)이 합해지면 시비가 스스로 나타나고 행동에도 또한 부절이 있게 된다. 세 가지가 합해지면 행동이 스스로 드러나는 것이다. 이것은 행동을 관찰하는 것이다. 모든 관리를 다스리고 군중에게 군림하는 자가 위에서 법도를 따라 그 현명한 것을 관찰하고 법을 상고하여 그 죄를 관찰하면 관리가 비록 사벽한 것이 있을지라도 도망할 곳이 없게 된다. 이것으로 관리들이 임무에 충실한가를 관찰해 볼 수 있다. 여러 신하들의 어리석음과 지혜로움을 날마다 앞과 비교하여 그 일을 아는 자를 골라 그로 하여금 일을 꾀하게 하고, 여러 신하가 천거한 이들을 날마다 앞에 본받게 하고 그 사람 아는 자를 골라 그로 하여금 천거케 하고, 여러 신하들의 다스림과 어지러움을 날마다 앞과 비교해 그 임무를 다했는가를 가려서 그로 하여금 다스리게 하면 모든 신하의 행동을 가히 얻어 살필 수 있다. 그 어진 자를 가려서 천거하면 백성이 행동을 다툴 것이며, 임무를 완수한 자가 다스리면 모든 관리가 어지럽지 않게 된다. 사람을 아는 자가 거용되면 어진이가 숨지 아니하고, 일을 아는 자가 꾀하게 되면 크게 거용함이 시기를 잃지 않는다. 대저 쇠뇌의 기계는 낮추어 기장과 같게 하면 당길 수 없고 높여서 벼(?)와 같게 하면 발사할 수가 없다. 말이라는 것은 모든 일의 기틀이다. 성왕(聖王)이 조회에서 바른 말을 하면 온 천하가 다스려진다. 그러므로 '바른 이름은 거짓을 없앤다'고 했다. 일이 성취되는 것이 확실한 이름으로

변화하는 것과 같아 모든 일이 다 성취되는 것이다. 대저 어진이를 쓰고 유능한 이를 부리는 것은 수고하지 아니하여도 다스려지고, 바른 이름을 핵실하는 것은 벌하지 않아도 위엄이 있다. 인정에 통달하여 본심을 보이면 시비가 가리워지지 않고, 근본으로 돌아와 처음에 근원하면 언어가 부절과 같다. 노련한 기능공의 말은 쉽게 부리고 성왕(聖王)의 백성이 쉽게 다스려진다는 것은 이것을 이른 것인가.〕

　三人[1]之所廢　天下弗能興也　三人之所興　天下弗能廢也　親曰不孝　君曰不忠　友曰　不信　天下弗能興也　親言其孝　君言其忠　友言其信　天下弗能廢也　夫符節合之　則是非自見　行亦有符　三者合則行自見矣　此所以觀行也　諸治官臨衆者　上比度以觀其賢　案法以觀其罪　吏雖有邪僻　無所逃之　所以觀勝任也　群臣之愚智　日效於前　擇其知事者而令之謀　群臣之所擧　日效於前　擇其知人者而令之擧　群臣之治亂[2]　日效於前　擇其勝任者而令之治　群臣之行　可得而察也　擇其賢者而擧之　則民競於行　勝任者治　則百官不亂　知人者擧　則賢者不隱　知事者謀　則大擧不失　夫弩機[3]損若黍[4]則不鉤　益若□[5]則不發　言者百事之機也　聖王正言於朝　而四方治矣　是故曰正名去僞　事成若化以實覈名[6]　百事皆成　夫用賢使能　不勞而治　正名覆實　不罰而威　達情見素[7]　則是非不蔽　復本原始　則言若符節　良工之馬易御也　聖王之民易治也　其此之謂乎

1) 三人(삼인) : 아버지, 임금, 친구를 지칭한다.
2) 治亂(치난) : 잘하고 잘못하다의 뜻으로 쓰인다.
3) 弩機(뇌기) : 쇠뇌틀. 쇠뇌는 다연발로 발사할 수 있는 것이며 모양이 활

과 같은 전쟁에 쓰이는 기구.
4) 黍(서) : 찰기장과 메기장이 있다. 오곡 중의 하나.
5) 益若口(익약口) : 口은 글자가 탈자(脫字)되었음.
6) 覈名(핵명) : 이름을 규찰하다. 핵실하다.
7) 見素(견소) : 본바탕의 마음을 보이다. 진실을 보이다.

제6편 무지를 깨우치다〔發蒙〕

1. 명분은 성인이 살피는 것이다

 이 세상에서 명분이라는 것은 뛰어난 군주만이 살필 수 있는 것이다.
 주(周)나라 목왕(穆王) 때 마술(馬術)의 천재였던 조보(造父)와 더불어 말 부리는 재주를 견줄 사람은 지극히 적었다. 이는 말의 고삐를 잡거나 놓고도 말의 온갖 기교를 잘 보여 주었기 때문이다.
 뛰어난 군주와 더불어 함께 교제했던 신하는 극히 적었다.
 뛰어난 군주가 명분을 자세히 살피면 모든 신료가 자신의 온 힘을 기울이고 자신의 모든 지혜를 쏟지 않을 수 없는 것이다.
 그러기 때문에 천하가 잘 다스려지고 명분도 성취되는 것이며, 옳고 그른 것이 잘 판단되어 이름이 정하여지는 것이다.
 대개 그 진실에 너무 지나치면 죄가 되는 것이요, 진실에 접근하지 못하면 어리석은 것이다. 그러므로 자신의 진심을 다하면 거짓이 있을 수가 없고 본바탕이 순수하면 꾸미는 기교가 없어진다.
 이 때문에 도(道)있는 뛰어난 임금은 무엇이든 평범하게 듣지 않나니 이것을 명분(名分)을 자세히 살피는 것이라고 한다.

〔대저 명분(名分)이란 밝은 임금이 살피는 것이다. 조보(造父)와 더불어 말의 기교를 비교할 자 적다. 말고삐를 잡고 말의 온갖 기술을 다 보여주기 때문이다. 밝은 임금과 더불어 사귀는 신하는 적다. 명분을 살피면 모든 신하가 자신의 힘을 다하고 지혜를 다하지 않을 자가 없을 것이다. 이로 인하여 천하는 다스려지고 명분은 이루어지며 시비가 가히 분별되고 이름이 정해진다. 대저 그 진실에 지나친 것은 죄가 되고 미치지 못하면 어리석은 것이다. 그러므로 진심을 다하면 거짓되지 아니하고 본바탕이 순수하면 꾸밈이 없다. 그러므로 도(道)가 있는 군주는 쉽게 듣는 것이 없다. 이것이 명분을 살피는 것이다.〕

若夫名分 聖[1]之所審也 造父[2]之所以與[3] 交者少 操轡 馬之百節[4]皆與[5] 明王之所以與臣下交者少 審名分 群臣莫敢不盡力竭智矣 天下之可治 分成也 是非之可辨 名定也 無[6]過其實 罪也 弗及 愚也 是故情盡而不僞 質素[7]而無巧 故有道之君 其無易聽 此名分之所審也

1) 聖(성) : 성은 '명왕(明王)'의 두 글자의 잘못이라고 한다.
2) 造父(조보) : 주(周)나라 목왕(穆王) 때 마술(馬術)의 제1인 자. 말을 잘 다루어 온갖 말의 재주를 다 부리게 했다고 한다.
3) 所以與(소이여) : 여(與)자 아래에 '마(馬)'자가 있어야 한다고 했다.
4) 百節(백절) : 온갖 기술. 백가지의 기술.
5) 與(여) : 여는 '거(擧)'의 오자가 아닌가 한다.
6) 無(무) : 여기서는 부(夫)의 뜻으로 보아야 한다.
7) 質素(질소) : 본바탕이 순수하다. 꾸밈이 없이 순수하다.

2. 업무에 임하면 두려워하여라

나라의 관리에 임용되어 업무를 담당한 자에게 그 법을 참고하게 하면 모든 민중은 법에 위배되지 않도록 모든 일을 조심하고 신중하게 한다.

선비를 관장하는 벼슬아치가 어진이를 벼슬에 나아가게 할 때 그의 후손을 보호하여 주면 모든 민중이 사람을 천거하는데 있어 서로 신중에 신중을 기하게 된다.

국사를 의논하는 이가 그 일을 몸소하면서 자신의 진정을 다한다면 일반 민중이 함부로 말하지 않고 공경하게 된다.

공자가 말하기를 "관장할 일을 맡아서는 조심하고 두려워하면 이루지 못할 일이 드물다."고 하였다.

『주역』 이괘(履卦)의 구사효(九四爻)에는 "만약 호랑이 꼬리를 밟더라도 조심하고 조심하면 마침내는 길할 것이다."고 했다.

모든 신하들이 다 호랑이 꼬리를 밟은 것 같이 조심하고 두려워한다면 어떤 일이라도 이루지 못할 것이 있을 것인가.

군주가 현명하면 죄를 저지르는 신하가 적은 것이다.

대개 모든 무리를 관장하고 부리는 사람은, 임금의 조서를 작성하는 일은 천천히 하지만 땅을 나누어 줄 때에는 신속하게 한다.

어떤 이유에서 그렇게 하는 것인가. 그가 죄를 저지르면 도망할 곳이 없기 때문이다. 땅이 있다고 말한다면 그 땅은 분배하지 아니할 수 없는 것이다.

군주와 같이 신하가 땅을 가진다면 신하는 그 죄를 지어도 도망할 곳이 있게 되는 것이다.

그러므로 나무에 먹줄을 놓아 나무에 굽은 것이 있으면 나무가 죄가 있는 것이요, 땅에 수평기를 놓아서 땅에 험악한 것이 있으면 땅에 죄가 있는 것이다. 명분을 자세히 살피는데 모든 신하가 스스로를 살피지 않는다면 죄가 있는 것이다.

〔대저 관리에 임용되어 사무를 맡은 자가 그 법령을 내걸면 백성이 종사하는 일에 조심하며 선비를 맡아 어진 인재를 선출하는 자가 그 뒤를 보장해 주면 백성이 천거하는데 신중하게 하며 국사를 의논하는데 일을 몸소 하는 자가 그 진실을 다하면 백성이 말을 조심하게 된다. 공자가 말하기를 "사무에 임하여서 두려워하면 이루지 못할 것이 드물다."고 했다. 『주역』에는 이르기를 "만약 호랑이의 꼬리를 밟았더라도 마침내는 길할 것이다."라고 했다. 만약 모든 신하들이 다 조심하고 두려워하며 호랑이 꼬리를 밟은 것 같이 한다면 어떠한 일이라도 이루지 못할 것이 있으랴. 군주가 현명하면 신하는 죄가 적은 것이다. 대저 무리를 부리는 자가 조서를 작성할 때에는 지지부진하고 땅을 분배할 때에는 빠르게 하는데 이는 무슨 이유인가? 그 죄를 피할 곳이 없는 것이다. 또한 땅이 있다고 말하면 나누지 않을 수 없는 것이다. 군주와 신하가 땅을 함께 하면 신하는 그 죄를 피할 곳이 있게 된다. 그러므로 먹줄을 놓아 나무에 굽은 것이 있으면 죄가 있고, 수평기를 놓아 땅에 험난한 것이 있으면 죄가 있으며, 명분을 살피는데 모든 신하들이 살피지 않으면 죄가 있는 것이다.〕

若夫臨官治事者 案其法則民敬事 任士進賢者 保其後則民愼擧 議國親事者 盡其實則民敬言 孔子曰 臨事而懼 希不濟易[1]曰 若履虎尾 終之吉 若群臣之衆 皆戒愼恐懼[2] 若履虎尾

則何不濟之有乎 君明則臣少罪 夫使衆者 詔作則遲 分地則速
是何也 無所逃其罪也 言亦有地 不可不分也 君臣同地 則臣
有所逃其罪矣 故陳繩則木之枉者有罪 措準則地之險者有罪
審名分則群臣之不審者有罪

1) 易(역) : 『주역』을 말한다.
2) 戒愼恐懼(계신공구) : 조심하고 두려워하다.

3. 하나의 도(道)를 살피면 온갖 일들이 성취된다

대저 군주가 일반 민중을 사랑하는 것은 사랑하는 것으로써 이로움을 주기 때문이다. 사랑을 하는데 이로움이 없는 것은 자애로운 어머니의 덕이 아니다.

군주가 선비를 좋아하는 것은 군주가 알고자 하는 것이 있기 때문이다. 선비를 좋아하는 데도 아는 것을 얻음이 없다면 일반 민중을 부릴 수가 없는 것이다.

군주가 아침 조회에 힘을 쏟는 것은 다스리고자 하기 때문이다. 아침 조회에 힘을 쏟는데도 다스려지지 않는다면 헛수고만 하고 공로는 없는 것이다.

백성을 사랑하고 선비를 좋아하고 조회에 힘을 쏟는 이 세 가지는 비록 서로 다른 것 같으나 그 실제적인 도(道)는 하나일 뿐이다.

그러므로 하나의 길을 살피면 온갖 일들이 성취되고, 하나의 근본 실마리를 살핀다면 온갖 일들의 사리가 다 밝혀진다.

이름과 실상이란 나누면 둘이 되지만 합하면 하나일 뿐이다. 옳고 그른 것이 다 이름과 실상을 따르는 것이요, 상과 벌이 다

옳고 그른 것을 따르게 마련이다.

 옳은 것이 있으면 상이 있는 것은 당연하며 그른 것이 있으면 벌이 내려지기 마련으로 이것은 군주가 홀로 처리하는 것이다.

 뛰어난 군주가 태어나 지위에 오르면 세상이 바르게 되고 그 모습이 씩씩해지며 그 마음이 허령해지고 그 보는 것이 조급하지 않고 듣는 것이 미혹되지 않는다.

 명분을 살피고 언사에 응대하며 조정이 우뚝 선다면 소원하고 먼 것을 감추어 비록 잘못된 것이 있을지라도 그 잘못은 반드시 많지 않을 것이다.

 뛰어난 군주는 귀와 눈을 오래도록 사용하지 않고 적국의 비밀을 캐는 간첩을 사용하지 않으며 듣고 보는 것을 강제적으로 동원하지 않는다.

 그저 형체가 나타나면 관찰하고 소리가 귀에 들리면 듣고 일이 앞에 있으면 응대하고 가까이 있는 자를 지나치지 않고 잘 돌보면 멀리 있는 자를 다스릴 수 있다.

 뛰어난 자를 잃지 않으면 미천한 자가 공경하는 것이다.

 〔대저 백성을 사랑하는 것은 또 이롭게 하는 것이다. 사랑하되 이롭지 아니하면 자애스런 어머니의 덕이 아니다. 선비를 좋아하는 것은 또 알고자 하는 것이다. 좋아하되 아는 것이 없으면 무리를 부릴 수가 없는 것이다. 조정에 힘을 다하는 것은 또 다스리고자 하는 것이다. 힘을 다해도 다스려지지 않으면 수고만 하고 공로가 없는 것이다. 세 가지가 비록 다른 것이나 그 도(道)는 하나이다. 그러므로 하나의 줄기를 살피면 온갖 일이 이루어지고 하나의 실마리를 살피면 온갖 일의 이치가 정연해진다. 이름과 실상이 나뉘어 둘도 되고

합하여 하나도 된다. 옳고 그른 것은 이름과 실상을 따르고, 상과 벌은 시비가 따른다. 옳은 것이면 상이 있고 그른 것이면 벌이 있다는데, 이것은 군주의 독단하는 것이다. 뛰어난 군주가 나와서 바르게 하면 그 모습이 씩씩하고 그 마음이 허령해지고 그 보는 것이 조급하지 않고 그 듣는 것이 음란하지 않다. 명분을 살피고 언사에 응대하며 조정에 서면 소원한 것을 숨기고 비록 그른 것이 있을지라도 반드시 많지 않을 것이다. 뛰어난 군주는 귀와 눈을 오래 쓰지 않고 간첩을 사용하지 않으며 듣고 보는 것을 강제로 하지 않으며 형상이 이르면 관찰하고 소리가 이르면 듣고 일이 이르면 응하고 가까운 자는 지나치지 아니하고 먼 곳에 있는 자는 다스린다. 밝은 것을 잃지 않으면 미약한 것은 공경한다.)

夫愛民 且利之也 愛而不利 則非慈母之德也 好士 且知之也 好而弗知 則衆而無用也 力於朝 且治之也 力而弗治 則勞而無功矣 三者雖異 道一也 是故曰審一之經 百事乃成 審一之紀 百事乃理 名實判爲兩 合爲一 是非隨名實 賞罰隨是非 是則有賞 非則有罰 人君之所獨斷也 明君之立也正 其貌莊 其心虛 其視不躁 其聽不淫 審分應辭以立於廷 則隱匿疏遠 雖有非焉 必不多矣 明君不用長耳目 不行閒諜 不强聞見 形至而觀 聲至而聽 事至而應 近者不過 則遠者治矣 明者不失 則微者敬矣

4. 다스림을 방해하는 것

한 집안의 가족들이 모두 화목하고 그 집안에서 부리는 가신

들이나 여종들이 있는 힘을 다해 열심히 일을 하면 그 집안은
번성하여 부자가 되니 집안의 어른이 옷이나 음식을 넉넉하게
잘 먹더라도 재물이 축날 걱정이 없다.

하지만 그 집안의 가족들이 서로 반목하고 갈등하며 부리는
가신이나 여종들이 힘들여 일하지 않고 게으르면 그 집안은 갈
수록 가난해져 집안의 어른이 비록 옷이나 음식을 아무리 절약
한다 해도 하나의 보탬도 되지 않을 뿐 아니라 가난을 면하기
어렵다.

이러한 이치는 한 집안의 일만이 아니라 한 나라나 천하의 제
왕도 마찬가지이다.

나라가 다스려지지 않는 것에는 세 가지 이유가 있다.

그 첫째는 어진이를 등용하여 나라를 다스리도록 하는 것을
알지 못하는 것이다. 그 둘째는 어진이를 쓸 줄은 알지만 구하려
해도 얻지 못하는 것이다. 그 셋째는 비록 어진이는 얻었으나 그
의 능력을 발휘시키지 못하는 것이다.

이러한 세 가지의 중요성을 인식하지 못하면 나라를 다스릴
수가 없다.

이름을 바르게 하여 나라를 운영한다면 요임금이나 순임금과
같은 지혜를 가진 사람의 현명함을 반드시 다 실현하도록 할 수
가 있다.

직분을 밝혀서 민중에게 보인다면 걸왕이나 주왕같은 횡포를
일삼는 사람의 행동도 반드시 중지시킬 수가 있다.

어진이의 지혜를 다 쓸 수 있고 포악한 자의 폭행을 중지시키
는 것은 민중을 다스리는 요체로서 이 이상 더 보탤 것이 없다.

조회를 들을 때 중요한 것은 사람들에게 명분이 있게 하는

것이다.

크게 선한 자에게 누구를 나아가게 할 것인가를 묻고, 크게 앎이 넘치는 자에게 반드시 누구를 임명할까 자문을 구한다면 상과 벌이 제대로 행해질 것이다. 이것으로 현명하고 현명하지 않은 것을 관찰하는 것이다.

현재에 있어서 크게 선한 자가 있는데 누구를 나아가게 할 것인가를 묻지 않고, 앎이 크게 넘치는 자가 있는데 그에게 누구를 임명할 것인가를 말하지 않는다면 명분이 있다고 하더라도 아무런 실익(實益)이 없을 따름이다. 누구를 임명할 것인가를 묻고도 상과 벌이 제대로 행해지지 않으면 물어보는 그 일도 아무런 쓸모가 없는 것이다.

〔한 집안의 아들과 조카가 화락하고 가신들과 여종들이 힘을 다하면 집안이 부해져서 장인(丈人 : 장로)이 비록 의복을 사치스럽게 하더라도 상하지 않는다. 아들과 조카가 화목하지 않고 가신들과 여종들이 힘을 다하지 않으면 집안이 가난해져 장인이 비록 의복을 해진 것을 입더라도 보탬이 되지 않는다. 하물며 만승의 임금에 있어서랴. 나라가 다스려지지 않는 것은 세 가지가 있다. 어진 사람을 쓸 줄을 모르는 것이 그 하나이며 비록 어진이를 쓸 줄을 알더라도 구해도 능히 얻지 못하는 것이 그 두번째이며 비록 어진이를 얻었더라도 능력발휘를 못하게 하는 것이 그 세번째이다. 이름을 바로 세워 운영하면 요임금 순임금의 지혜도 반드시 다할 수 있고 직분을 밝혀 보이면 걸주 주의 사나움도 반드시 그치게 된다. 어진이가 능력을 다하고 사나운 자가 중지하면 백성을 다스리는 도는 더 보탤 것이 없다. 조회를 듣는 도리가 사람으로 하여금 분수가 있게 하

면 매우 선한 자에게 반드시 누구를 나아가게 할까 묻고, 크게 지나
침이 있는 자에게 반드시 누가 맡을까 이르나니 상과 벌이 행해지
는 것이다. 이것으로 현명하고 현명치 못한 것을 관찰할 수가 있다.
지금 매우 선한 자가 있는데 누구를 나아가게 할 것인가를 묻지 않
고 크게 지나친 자가 있는데 누구를 임명할 것인가를 묻지 아니하
면 명분이 있다 하더라도 보탬이 되지 않을 따름이요, 누구를 임명
할 것인가 묻더라도 상과 벌이 행해지지 않으면 묻는다고 하더라도
보탬이 되지 않을 따름이다.]

  家人[1]子姪和 臣妾力 則家富 丈人雖厚衣食 無傷也 子姪不
和 臣妾不力 則家貧 丈人雖薄衣食 無益也 而況於萬乘之君[2]
乎 國之所以不治者三 不知用賢 此其一也 雖知用賢 求不能
得 此其二也 雖得賢 不能盡 此其三也 正名以御之 則堯舜之
智必盡矣 明分以示之 則桀紂之暴必止矣 賢者盡 暴者止 則
治民之道 不可以加矣 聽朝之道 使人有分 有大善者 必問孰
進之 有大過[3]者 必云孰任之 而行賞罰焉 且以觀賢不肖也 今
有大善者 不問孰進之 有大過者 不問孰任之 則有分無益已
問孰任之而不行賞罰 則問之無益已

1) 家人(가인) : 한 집안.
2) 萬乘之君(만승지군) : 수레를 1만대나 낼 수 있는 나라. 거대한 나라, 힘
   이 강한 나라의 임금을 뜻한다.
3) 大過(대과) : 능력이 있는 인재. 능력이 넘쳐나는 인재. 『주역』 대과괘
   (大過卦)의 성대한 상.

5. 흰것과 검은것을 구분하는 것이다

 높은 지위에 있으면서도 옳고 그른 것을 다 보지 못하는 것을 '가려졌다'고 하는 것이요, 보고도 그것을 능히 파악하지 못하는 것은 '허황된 것'이라고 하는 것이요, 알고 있는데도 능히 상을 주지 못하는 것은 '방종한 것'이라고 이른다.
 가려져 있는 것, 허황된 것, 방종한 것 이 세 가지는 혼란이 일어나는 근본이다. 명분을 밝히면 가려지지 않고 이름을 바르게 하면 허황되지 않고 어진이에게 상을 내리고 포악한 자에게 벌을 주면 방종하지 않는 것이다. 이 세 가지가 다스리는 요체이다.
 여러 신하들 가운데에서 어진이를 귀하게 여기고 어질지 못한 자를 천하게 여기며 잘한 자는 부리고 잘하지 못한 자는 방관(?)하고 충성하면 아끼고 충성치 않으면 죄를 준다.
 현명한 자와 현명하지 못한 자, 잘하고 잘못한 자, 충성하고 충성하지 못한 자를 비유해서 본다면 흰것과 검은것을 구분하는 것과 같은 것이다.
 모든 나무에 먹줄을 놓아서 깎는 것을 시키면 기술이 있는 자와 기술이 없는 자를 쉽게 알 수 있다.
 대개 모든 신하들을 관찰하는 것도 또 먹줄과 같은 기준이 있다. 이와 같이 명분으로써 명분을 내세워 이끈다면 비록 요임금이나 순임금이라도 반드시 복종할 것이다.

 〔시비를 다 볼 수 없는 것을 폐(蔽)라고 하고 보고도 능히 알지 못하는 것을 허(虛)라고 하고 알고도 능히 상주지 못하는 것을 종

(縱:방종)이라고 한다. 이 세 가지는 어지러움의 근본이다. 명분이 밝혀지면 가리워지지 않고, 이름을 바로하면 허(虛)하지 않고, 어진이를 상주고 사나운 것을 벌주면 방종하지 않다. 이 세 가지를 다스림의 도(道)라고 한다. 모든 신하 가운데에서 어질면 귀하게 여기고 어질지 않으면 천하게 여기고 다스리면 부리고 다스리지 못하면 방관(?)하고 충성하면 사랑하고 충성하지 않으면 죄악시한다. 어질고 어질지 않은 것과 다스리고 다스리지 못하는 것과 충성하고 충성하지 않는 것을 미루어보면 백(白)과 흑(黑)과 같은 것이다. 먹줄을 놓아서 나무를 깎으면 정교하고 서투른 것을 쉽게 알 수가 있다. 대저 모든 신하를 관찰하는 것도 또한 먹줄을 치는 것과 같은 것이 있다. 이것을 명분으로써 이끈다면 비록 요순이라도 반드시 복종할 것이다.]

是非不得盡見謂之蔽 見而弗能知謂之虛 知而弗能賞謂之縱 三者 亂之本也 明分則不蔽 正名則不虛 賞賢罰暴則不縱 三者 治之道也 於群臣之中 賢則貴之 不肖則賤之 治則使之 不治則口之[1] 忠則愛之 不忠則罪之 賢不肖 治不治 忠不忠 由是觀之 猶白黑也 陳繩而斲之 則巧拙[2]易知也 夫觀群臣亦有繩 以名引之 則雖堯舜不服[3]矣

1) 不治則口之(불치즉口지):口은 글자의 탈자(脫字)이다.
2) 巧拙(교졸):교묘한 것과 서툰 것.
3) 不服(불복):필복(必服)의 잘못이다.

6. 정명(正名)은 천하를 다스리는 요체이다

모든 일의 계획을 세우는데 있어 현명한 사람을 천거하여 지혜를 다하도록 하는 일 만한 것이 없고 현명한 사람을 천거하는 데 있어서는 현명한 사람을 제대로 아는 것 만한 일이 없다. 현명한 사람을 많이 알고 또 그들을 능히 채용할 줄을 알면 모든 것을 갖추었다고 할 수 있다.

천하를 다스리는 요체(要諦)는 이름을 바로하는 데 있다. 이름을 바로하면 거짓이 없어지고 모든 일이 이루어지는 것이 새롭게 변화되어 좋은 풍속이 생기게 되는 것이다. 그러므로 진실로 이름을 바로한다면 하늘은 자연히 이루어지게 되고 땅은 자연히 평탄해지는 것이다.

사람의 신하된 자는 현명한 사람을 천거하는 것으로써 공로를 삼고, 사람의 지도자가 된 자는 현명한 사람을 채용하는 것으로써 공로를 삼게 되는 것이다.

사람의 신하된 자가 현명한 사람을 천거하는 것은 자신이 스스로 그 현명한 사람의 밑에서 다스림을 받겠다는 것이다. 자신이 스스로 현명한 사람을 위로 모시는 데에도 상이 내리지 않으면 그 사람은 다시는 현명한 사람을 천거하지 않는다.

어리석은 사람을 천거하는 것은 그 어리석은 자를 자신의 밑에 두고 자신이 부리겠다는 것이다. 그 어리석은 자를 천거하여 자신의 밑에 두어도 죄를 받지 않는다면 계속 어리석은 자만 쓰게 되는 것이다.

현명한 사람을 천거하면 반드시 상이 있어야 하고 어리석은 사람을 천거하면 반드시 죄를 받아야 한다. 그래야만 함부로 어리석은 사람을 천거하지 못하게 된다. 그러면 현명한 사람만 천거해야 하기에 천거하지 못하는 자는 무능한 사람이 되는 것이다.

이와 같이 해야만 많은 인재가 등용될 수 있는 것이다.

〔일을 꾀하는 데 있어서는 현명한 이를 천거하는 것만 같지 못하고 현명한 이를 천거하는 데는 현명한 이를 아는 것만 같지 못하다. 현명한 이를 알고 또 능히 쓸 줄을 알면 갖추어진 것이다. 천하를 다스리는 요체가 이름을 바르게 하는 데 있다. 이름을 바르게 하고 거짓을 버리면 일이 이루어지는 것이 변화를 따르게 된다. 진실로 능히 이름을 바르게 하면 하늘은 이루고 땅은 평평해진다. 사람의 신하된 자는 현명한 이를 천거하는 것으로써 공로를 삼고 군주가 된 자는 현명한 이를 쓰는 것으로 공로를 삼는다. 신하된 자가 현명한 이를 천거하는 것은 스스로 위에 세워 두는 것이다. 스스로 위에 세워 두는 데 상이 없다면 하지 않을 것이다. 현명하지 못한 이를 천거하는 것은 스스로 아래에 세워 두는 것이다. 스스로 아래에 두려 하는 데도 죄가 없다면 계속 그러할 것이다. 현명한 이를 천거하는 자에게는 반드시 상이 있고 현명하지 못한 이를 천거하는 데는 반드시 죄가 있다면 함부로 천거하는 자가 없게 된다. 천거하지 못하는 자는 무능한 자가 된다. 이와 같으면 반드시 현명한 이를 많이 천거하게 된다.〕

慮事而當 不若進賢 進賢而當 不若知賢 知賢又能用之 備矣 治天下之要 在於正名 正名去僞 事成若化 苟能正名 天成地平[1] 爲人臣者 以進賢爲功 爲人君者 以用賢爲功 爲人臣者 進賢 是自爲置上也 自爲置上而無賞 是故不爲也 進不肖者 是自爲置下也 自爲置下而無罪 是故爲之也 使進賢者必有賞 進不肖者必有罪 無敢進也者 爲無能之人 若此則必多進賢矣

1) 天成地平(천성지평) : 하늘은 자연히 이루어지게 되고 땅은 자연적으로 평면으로 되게 되어 있다의 뜻.

제7편 남을 용서하는 것〔恕〕

1. 내가 하기 싫은 것은 남에게도 시키지 말라

어질다〔恕〕라는 것은 나 자신으로써 법도를 삼는 것이다.

자신이 하고 싶어 하지 않는 것은 남에게도 시키지 않아야 한다. 모든 사람이 싫어하는 것은 자신이 아무리 좋아도 버리는 것이며, 모든 사람이 얻으려고 힘쓰는 것은 자신도 갖으려고 노력하는 것이다. 이것이 '어진' 것이다.

농부가 밭을 갈고 김을 매는 것은 곡식이 자라나는 데에 피해를 줄 것을 미리 제거하는 것이다. 현명한 사람이 다스리는 것도 마찬가지다. 이 세상에서는 의(義)에 해악을 끼치는 것을 제거하는 것이다.

사업을 도모하는데 있어 의로운 것에 보탬이 되지 않는데도 일을 도모한다면 이것은 마음에 잡초를 키우는 일에 지나지 않는 것이다. 모든 말이 의로운 것에 아무런 보탬이 되지 않는데도 많은 말을 계속한다면 이것은 언어의 잡초에 지나지 않는 것이다.

행동을 하면서 의로운 일에 아무런 보탬이 되지 않는데 행동을 계속한다면 이것은 행동을 천박하게 만드는 잡초에 지나지 않는 것이다.

도모하는 것이 의로운 일에 적중하는 것이라면 그 지혜는 가장 훌륭한 것이요, 입에서 나오는 모든 말이 의(義)에 적중한다면 그 언어는 사표가 되는 것이며, 하는 일이 의로운 것에 적중하면 행동하는 것이 법칙이 되는 것이다.

활을 잘 쏠 줄 모르는 사람이 다른 사람에게 활쏘기를 가르치고자 한다면 어느 누구도 그 사람에게 배우려고 하지 않는다.

행실도 이와 마찬가지이다. 자신의 몸도 제대로 수양하지 않은 사람이 남에게 몸을 이러이러하게 닦는다고 이야기하면 그의 말을 듣는 사람은 아무도 없다. 이것 뿐 아니라 천하의 모든 것이 이와 같다.

대저 천리마는 주(周)나라의 백락(伯樂)만이 홀로 구별하여 볼 줄 아는 것이다. 그것은 천리마가 좋은 말이 되는 것에 해로움을 주지 않기 때문이다.

천리마 뿐만 아니다. 인간의 행실도 또한 이와 같은 것이다. 오직 어진 사람만이 홀로 훌륭한 행동을 알고 있다. 그것은 좋은 선비가 되는 데에 해를 주지 않기 때문이다.

〔서(恕)라는 것은 자신으로써 법도를 삼는 것이다. 자신이 하고자 하지 않는 것을 남에게 시키지 말 것이며 모든 사람이 싫어하는 것은 자신도 버리고 모든 사람이 하고자 하는 것을 자신도 구하는, 이것을 서(恕)라고 한다. 농부가 땅을 갈고 김을 매는 것은 묘를 해치는 잡초를 제거하는 것이다. 현명한 사람이 다스리는 것은 의(義)에 해로움이 있는 것을 제거하는 것이다. 마음으로 도모하는 것이 의(義)에 보탬이 없는 것을 도모하는 이것은 마음의 잡초와 같은 것

이요, 말하는 것이 의에 보탬이 없는 것인데도 말을 계속한다면 이 것은 언어의 잡초와 같은 것이요, 하고자 하는 것이 의에 보탬이 되지 않는데 하는 것은 행동의 잡초와 같은 것이다. 도모하는 것이 의에 맞으면 지혜는 최상이 되고 말하는 것이 의에 맞으면 말이 스승이 되고 계획하는 일이 의에 맞으면 행동이 법이 되는 것이다. 활을 잘 쏘지 못하는 사람이 남을 가르치고자 해도 그 사람에게 배우려 하지 않는다. 행동이 닦아지지 않은 사람이 남에게 이야기하면 사람들이 듣지 않는다. 대저 천리마는 오직 백락(伯樂)만이 홀로 아는데 좋은 말(馬)이 되는 것을 해치지 않기 때문이다. 행동도 또한 이와 같다. 오직 어진이만이 홀로 아는 것인데 그 좋은 선비되는 것을 해치지 않기 때문이다.〕

恕[1]者 以身爲度者也 己所不欲 毋加諸人 惡諸人則去諸己 欲諸人則求諸己 此恕也 農夫之耨 去害苗者也 賢者之治 去害義者也 慮之無益於義而慮之 此心之穢也 道之無益於義而道之 此言之穢也 爲之無益於義而爲之 此行之穢也 慮中義則智爲上 言中義則言爲師 事中義則行爲法 射不善[2]而欲教人 人不學也 行不修而欲談人 人不聽也 夫驥[3]惟伯樂[4]獨知之 不害其爲良馬也 行亦然 惟賢者獨知之 不害其爲善士也

1) 恕(서) : 어진 마음. 자신이 하기 싫은 일을 남에게 베풀지 않는 것.
2) 不善(불선) : 여기서는 '잘 쏘지 못하다'의 뜻.
3) 驥(기) : 천리를 달린다는 말. 천리마.
4) 伯樂(백락) : 주(周)나라 때 사람으로 말을 잘 감정하는 것으로 유명하였다. 유명한 말의 거간꾼이기도 하다.

제8편 천하를 다스리다〔治天下〕

1. 천하를 다스리는 네 가지 방법이 있다

　지도자가 천하를 다스리는데 있어서는 네 가지의 방법이 있다. 첫째가 충심으로 일하고 사랑하는 것이요, 둘째가 마음을 비워 사사로운 마음을 없애는 것이요, 셋째가 어진이를 골라 임용하는 것이요, 넷째가 모든 사물을 포용하는 큰 도량이 있는 것이다.
　모든 사물을 포용하는 큰 도량에 통달하면 천하의 재물이 풍족해진다. 어진 인재를 등용하여 쓰면 모든 공로가 군주에게 돌아와 공이 많아진다. 마음을 비우고 맑은 마음으로 일을 하면 온갖 지혜가 모아진다. 충심으로 일하고 애정으로 감싸면 이것은 부모와 같은 행동인 것이다.
　어떠한 증거로써 그러한 연유를 알 수 있을까.
　아버지와 어머니가 자식을 기르는 방법에서 알 수 있다.
　아버지와 어머니가 자식을 키우는 것은 특별히 현명해서도 아니요, 특별히 총명해서도 아니요, 뛰어난 지혜가 있어서도 아니다. 매우 사랑하고 많이 근심하여 남보다 더 잘해주려고 하는 것 뿐이다.
　남이 이롭다고 하면 자신도 이롭게 해주는 것 뿐으로 가리는 것이 없는 것이다. 이것이 아버지와 어머니가 자식을 기르는 방법이다.

천하를 사랑하는 것도 천하를 이롭게 하려는 것이다. 남이 이로운 것은 나에게도 이로운 것이며 이것은 가릴 필요가 없는 것이다. 천하를 양육하는 것도 또한 이와 마찬가지이다.

이것은 요(堯)임금이 천하를 돌보던 시대의 다스림이었다.

순(舜)임금은 그의 성대한 덕 베풀기를 남이 좋은 일을 하면 내가 좋은 일을 한 것 같이 여기고, 남이 잘못을 하면 내가 잘못을 한 것 같이 여겼다.

하늘은 모든 만물에 사사로운 것이 없다. 땅도 또한 모든 만물에 사사로운 것이 없다. 이와 같은 하늘과 땅의 사사로움이 없는 것을 따르는 사람을 천자(天子)라고 부르며, 진실로 천하를 사랑하는 자만이 현명한 사람을 얻을 수 있다.

어떻게 그러한 것들을 알 수 있을까.

연약한 아들이 병에 걸리면 자애로운 어머니는 의술이 좋은 의원을 찾아가 체면을 생각하지 않고 치료를 부탁하며, 아들이 감옥에 들어가면 높은 자리에 있는 관리를 찾아가며 그 아들을 감옥에서 빼내려고 재물을 아끼지 않는다.

천하를 살피는 것도 부모가 자식을 돌보는 것과 같은 것이다.

훌륭한 의원같은 현명한 이를 찾아가 체면을 생각하지 않고 받들고 기르면서 재물을 아끼지 않는 것이다.

이러한 일들은 주(周)나라의 문왕(文王)이 태공망(太公望)을 만나려고 하루에 다섯 번이나 오고가고, 제(齊)나라의 환공(桓公)이 관중(管仲)을 받들어 여러 성(城)을 봉(封)하였으니 이것은 나라가 심히 후미지고 작으며 몸이 매우 비천한 곳에서 나왔지만 그것을 극복하고 천하를 바로잡을 수 있었던 것의 실례들이다.

〔천하를 다스리는데 네 가지 방법이 있다. 첫째가 충성과 사랑이요, 둘째가 사심이 없는 것이요, 셋째가 어진이를 쓰는 것이요, 넷째가 도량(度量)이다. 도량을 꿰뚫으면 재물이 풍족해진다. 어진이를 쓰면 공로가 많아진다. 사심이 없으면 모든 지혜의 으뜸이 된다. 충성하고 사랑하는 것은 아버지와 어머니의 행동이다. 어떻게 이러한 것을 알 수 있는 것인가? 부모가 자식을 키우는 것은 어진 것이 많아서가 아니요, 총명해서도 아니요, 지혜가 뛰어나서도 아니다. 사랑하고 조심하는 것이 어질고자 할 따름이다. 남이 이롭게 하면 나도 이롭게 하여 가리는 것이 없다. 이것이 부모가 자식을 키우는 진리이다. 그렇다면 천하를 사랑하는 것도 어질고자 할 따름이다. 남이 이로우면 나도 이로우니 가리지 않는다면 천하를 기르는 것도 또한 이와 같다. 이것이 요임금이 천하를 관리한 방법이다. 유우씨(有虞:순임금)의 성대한 덕은 남이 선을 둔 것을 보면 내가 선을 둔 것 같이 하고 남이 허물이 있으면 내가 허물이 있는 것과 같이 했다. 하늘은 모든 만물에 사사로움이 없고 땅도 또한 모든 만물에 사사로움이 없어 이 행동에 맞으면 천자라고 이르며 진실로 천하를 사랑하는 자는 어진이를 얻을 수 있다. 어떻게 그러한 것을 알 수 있는가. 연약한 아들이 병이 나면 자애로운 어머니가 훌륭한 의원에게 보이고 예모를 차리지 않으며, 감옥에 들어가면 높은 관리에게 달려가고 재물을 아끼지 않나니 천하를 보는 것도 자식과 같다. 이와 같이 의원을 보고 체모를 차리지 않고 받들고 기르는데 재물을 아끼지 않는다. 그러므로 문왕(文王)이 태공망(太公望)을 보러 하루

에 다섯 번을 돌아오고 환공이 관중을 받들고 성을 나열한 것이 여럿이 있었다. 이것은 나라가 심히 후미지고 작으며 몸이 지극히 천한 곳에서 나왔지만 천하를 바르게 한 것이다.]

治天下有四術 一曰忠愛 二曰無私 三曰用賢 四曰度量 度量[1]通 則財足矣 用賢 則多功矣 無私 百智[2]之宗也 忠愛 父母之行也 奚以知其然 父母之所畜子者 非賢强[3]也 非聰明也 非俊智也 愛之憂之 欲其賢已也 人利之與我利之 無擇也 此父母所以畜子也 然則愛天下欲其賢已也 人利之與我利之無擇也 則天下之畜亦然矣 此堯之所以畜天下也 有虞氏盛德 見人有善 如己有善 見人有過 如己有過 天無私於物 地無私於物 襲此行者 謂之天子 誠愛天下者得賢 奚以知其然也 弱子有疾 慈母之見秦醫也 不爭禮貌[4] 在圄圄 其走大吏也 不愛資財 視天下若子 是故其見醫者不爭禮貌 其奉養也不愛資財 故文王[5]之見太公望[6]也 一日五反 桓公[7]之奉管仲[8]也 列城有數 此所以國甚僻小 身至穢汚[9] 而爲正[10] 於天下也

1) 度量(도량) : 온 천하의 사물을 포용할 수 있는 역량.
2) 百智(백지) : 온갖 지혜.
3) 賢强(현강) : 현명이 뛰어나다.
4) 不爭禮貌(부쟁예모) : 체면을 차리지 아니하다. 자신의 체면을 생각하지 않다.
5) 文王(문왕) : 이름은 창(昌). 주나라 무왕(武王)의 아버지. 성은 희(姬). 은(殷)나라 주왕(紂王) 때 서백(西伯)으로 일컬어졌었다.
6) 太公望(태공망) : 성은 강(姜). 이름은 망(望). 주(周)나라 초기의 어진 신하. 여상(呂尙)이라고도 한다. 무왕(武王)이 주(紂)왕을 정벌할 때 함

께 하였으며 후에 제(齊)나라에 봉해졌다.
7) 桓公(환공) : 춘추시대 제(齊)나라 환공(桓公)으로 관중의 도움을 받아 오패(五覇)의 한 군주가 되었다.
8) 管仲(관중) : 춘추시대 제(齊)나라의 어진 재상. 이름은 이오(夷吾). 자는 중(仲). 환공을 도와 부국강병을 이루고 제환공으로 하여금 천하의 패자가 되게 하였다.
9) 穢汚(예오) : 비천한 곳. 더러운 곳.
10) 正(정) : 다른 본(本)에는 정(政)으로 되어 있다.

2. 악기를 안고 조회에 들어간다

춘추시대(春秋時代) 정(鄭)나라에 간공(簡公)이 있었다.

하루는 간공이 재상인 자산(子産)에게 말하기를

"술을 마시고 즐기지 않거나 풍악을 울리지 않는 것은 왕인 나의 소임이요, 나라를 다스리지 못하고 조정을 다스리지 못하며 제후와 사귀는데 대접받지 못하는 것은 재상인 그대의 책임이다. 그대는 과인이 즐기는 영역에 들어오지 말고 왕인 나는 그대가 운영하는 조정의 일에 참견하지 않겠다."

고 선언했다.

이러한 선언이 있은 후 재상인 자산이 정(鄭)나라 국정을 다스렸는데, 성문은 항상 열려 있어도 위험하지 않았고 나라에는 도둑이 없어 백성들이 마음놓고 살았으며 길거리에는 굶어 죽는 사람이 한 사람도 없이 풍족했다.

공자가 말하기를 "정나라의 간공이 음악을 좋아한 것과 같은 것이라면 비록 조회 때 악기를 품에 안고 들어가 조회를 받아도 된다."고 하였다.

대개 현명한 신하를 등용해서 쓰면 몸이 편안하게 즐겨도 명예가 따르며 일은 조금 하고도 공로는 많으며 나라는 다스려지고 모든 것이 편안해지는 것이다.

〔정(鄭)나라의 간공(簡公)이 자산(子産)에게 이르기를 "술을 마셔도 즐기지 않고 음악이 있어도 울리지 않는 것은 과인(寡人)의 소임이다. 나라가 다스려지지 않고 조정이 다스려지지 않고 제후와 함께 사귀는데 뜻을 얻지 못하는 것은 그대의 소임이다. 그대는 과인이 즐기는 쪽으로 들어오지 말고 과인은 그대의 조회에 들어가지 않겠다."고 했다. 이후로부터 자산이 정나라를 다스렸는데, 성문은 항상 닫지 아니하고 나라에는 도적이 없으며 길에는 굶어 죽는 사람이 없었다. 공자가 말하기를 "정(鄭)나라 간공(簡公)의 음악을 좋아함과 같으면 비록 악기를 품고 조회를 해도 괜찮다."고 했다. 대저 어진이를 쓰면 몸은 즐겨도 명예는 따르고, 일을 작게 하여도 공은 많아지고 나라는 다스려지고 능히 편안해진다.〕

鄭簡公[1]謂子産[2]曰 飮酒之不樂 鐘鼓之不鳴 寡人[3]之任也 國家之不乂 朝廷之不治 與諸侯交之不得志 子之任也 子無入寡人之樂 寡人無入子之朝 自是以來 子産治鄭 城門不閉 國無盜賊 道無餓人 孔子曰 若鄭簡公之好樂 雖抱鐘[4]而朝可也 夫用賢 身樂而名附 事少而功多 國治而能逸

1) 鄭簡公(정간공) : 춘추시대 정(鄭)나라 제후.
2) 子産(자산) : 춘추시대 정나라 대부. 이름은 공손교(公孫橋), 자산(子産)은 그의 자(字)이다. 간공, 정공(定公), 헌공(獻公)의 3대에 걸쳐 40여년

간을 나라를 잘 다스려 진(晉)나라와 초(楚)나라가 침략하지 못하였다.
3) 寡人(과인) : 제후가 자신을 겸양하여 자칭하는 말.
4) 抱鐘(포종) : 악기를 품다. 악기를 품에 안다.

3. 말의 관상을 잘 본 백락(伯樂)

나라를 다스리는 요체(要諦)는 지혜를 빌리는 것보다 나은 것이 없고 지혜를 빌리는 요체는 현명한 인재를 등용하는 것보다 나은 것이 없다.

이것을 다른 일에 비유하여 본다면 말을 관찰하는 데는 주(周)나라시대의 백락(伯樂)을 데려다 보고 옥(玉)을 감정하는 데는 춘추(春秋)시대 노(魯)나라의 의돈(猗頓)을 불러다 보는 것과 같은 것이다. 이 사람들이야말로 그 분야에 가장 뛰어난 사람이기 때문에 가장 좋은 것을 고를 것이다.

지금 여기에 사람이 있는데 그는 있는 힘을 다 쏟아 배를 만들어 놓고 큰 물을 건너는 데는 사용하지 않으며, 또한 있는 힘을 다 쏟아 수레를 만들어 놓고는 먼 길을 가는 데는 타지 않는다면 모든 사람들이 그의 어리석음을 비웃을 것이다.

지금 사람들은 온 힘을 다 쏟아 학문을 하고는 일을 도모할 때에는 그 배운 지혜를 사용하지 않고 있으며, 행동을 하는 데에도 학문에서 얻은 현명한 것을 쓰지 않고 있다.

이것은 그 배운 것을 그냥 놓아두고 쓰지 않는 것이다. 이것도 또한 어리석은 것이다.

이러한 것은 배를 만들어 놓아두고 헤엄쳐서 물을 건너고 수레를 만들어 놓아두고 천리길을 걸어가는 것보다도 더 어리석고 한심한 일이다.

[무릇 다스리는 도는 지혜로 말미암는 것만 같지 못하고 지혜의 도는 어진이로 말미암는 것만 같지 못하다. 비유컨대 말을 감상하는 데 백락(伯樂)을 빌리고 옥을 감상하는데 의돈(猗頓)을 빌리는 것과 같은 것이다. 또한 반드시 지나치지 않다. 지금 이곳에 사람이 있는데 이 사람은 힘을 다해 배를 만들고는 큰 물을 건너는데 쓰지 않고, 또 힘을 다해 수레를 만들고는 멀리 가는 데 타지 않는다면 사람마다 반드시 슬기가 없다고 할 것이다. 지금 사람이 힘을 다해 배우기만 하고 일을 꾀하는 데 지혜를 빌리지 않으며 행동을 하는 데도 현명한 것으로 하지 않으면 그 배운 것을 놓고 쓰지 않는 것이다. 이것도 슬기로움이 없는 것이다. 배를 놓아두고 그냥 건너고 수레를 놓고 걸어가는 것보다 더 심한 것이다.]

凡治之道 莫如因智 智之道 莫如因賢 譬之猶相馬而借伯樂也 相玉而借猗頓[1]也 亦必不過矣 今有人於此 盡力以爲舟 濟大水而不用也 盡力以爲車 行遠而不乘也 則人必以爲無慧 今人盡力以學 謀事則不借智 處行則不因賢 舍其學不用也 此其無慧也 有甚於舍舟而涉 舍車而走者矣

1) 猗頓(의돈) : 춘추시대(春秋時代) 노(魯)나라 대부(大夫)이며 크나큰 부자로 수만(數萬)의 금을 모은 사람.

제9편 인을 헤아리다〔仁意〕

1. 홍수를 다스린 자는 우(禹)임금이다

천하의 홍수(洪水)를 잘 처리한 사람은 우(禹)임금이었으며 다섯 가지의 곡식을 파종하여 재배한 사람은 후직(后稷)이었으며 모든 옥사(獄事)를 잘 듣고 공정하게 처리한 사람은 고요(皐陶)였다.

이들은 다 순(舜)임금의 신하들이었는데 순임금은 이들 덕분에 별로 하는 일이 없었는데도 천하의 모든 사람들에게 부모로써 섬김을 받았다. 천하를 사랑한 것이 이것보다 더한 것은 없다.

천하에서 착한 것은 오직 인(仁)뿐이다.

대개 그 자식을 잃으면 진실로 다시 얻을 수 있으나 사람이 골라서 자식을 마음대로 갖을 수는 없는 것이다.

인자(仁者)가 선(善)을 행하는데 있어서도 이와 같은 것으로 귀하고 천한 것을 가리지 않고 오직 선만을 찾을 뿐이다.

그러므로 요임금이 순임금을 후미진 시골 밭두렁에서 보고 뽑아 국정을 맡겼고 노후에는 천하까지 물려주었으며 은(殷)나라의 탕(湯)임금이 이윤(伊尹)을 옹주(雍州)의 시골 구석에서 뽑아 국정을 맡겼다.

안으로는 뽑아 쓰는 데 있어 친척이라 하더라도 어질고 현명하면 기피하지 않고 등용하고 밖으로는 뽑아 쓰는 데 있어 원수라 하더라도 어질고 현명하면 기피하지 않는 것은 오직 인자(仁者)의 선(善)만이 가능하다.

이 인자(仁者)는 가리는 것도 없고 미워하는 것도 없으며 오직 선(善)이 있는 곳이면 불가능한 것이 없는 것이다.

〔홍수를 다스린 자는 우(禹)임금이요, 다섯 가지 곡식을 파종한자는 후직(后稷)이요, 옥사(獄事)를 듣고 잘 처리한 자는 고요(皐陶)이다. 순임금은 하는 것이 없어도 천하가 부모로 삼았으며 천하를 사랑함이 이보다 더한 것이 없다. 천하의 선한 것은 오직 인(仁)뿐이다. 대저 그 자식을 잃으면 진실로 다시 얻을 수 있으나 사람이 고를 수 없다. 인(仁)한 자의 선(善)도 또한 이와 같은 것이다. 그러므로 요임금이 순임금을 밭도랑에서 들어올렸으며 탕(湯)임금이 이윤(伊尹)을 옹주(雍州)에서 들어올렸다. 안으로는 들어올리는 데 친척이라고 해서 피하지 않고 밖으로 들어올리는 데 원수라도 피하지 않는 것이 인자(仁者)의 선(善)으로 고르는 것이 없고 미워함도 없다. 오직 선(善)이 있는 곳에만 국한할 따름이다.〕

治水潦[1]者 禹[2]也 播五種[3]者后稷[4]也 聽獄折衷[5]者 皐陶[6]也 舜無爲也 而天下以爲父母 愛天下莫甚焉 天下之善者惟仁也 夫喪其子者 苟可以得之 無擇人也 仁者之於善也亦然 是故堯擧舜於畎畝[7] 湯擧伊尹[8]於雍人[9] 內擧不避親 外擧不避讎 仁者之於善也 無擇也 無惡也 惟善之所在

1) 水潦(수로) : 빗물 또는 홍수를 뜻한다.

2) 禹(우) : 우임금을 뜻하며 성은 사(姒)씨, 곤(鯀)의 아들이다. 우임금의 아버지 곤이 9년 동안 물을 다스렸으나 전혀 효과가 없어 처형되고 아들인 우(禹)가 다시 구주(九州)를 구획하고 치수사업을 완성시켰다. 그 공로로 순(舜)임금에게 인정을 받아 천하를 선양받았다.
3) 五種(오종) : 다섯 가지의 곡식. 벼, 보리, 콩, 조, 기장의 다섯 가지 종류.
4) 后稷(후직) : 옛날의 농사를 관장하던 벼슬 이름이며 주(周)나라 시조 기(棄)의 별명이다. 기가 처음으로 후직의 직책을 맡아 오곡의 파종을 시작했다고 함.
5) 聽獄折衷(청옥절충) : 감옥의 일을 잘 처리하다. 옥사를 잘 관장하다.
6) 皐陶(고요) : 순(舜)임금의 신하. 자는 정견(庭堅). 사구(司寇)의 벼슬을 맡았다. 사구는 옥관(獄官)의 최고의 직책을 뜻함. 지금의 법무부장관.
7) 畎畝(견묘) : 밭도랑과 밭이랑. 곧 시골을 뜻한다.
8) 伊尹(이윤) : 탕(湯)왕을 도와 하(夏)나라의 걸(桀)왕을 정벌하고 은(殷)왕조 건설에 공이 많은 신하. 현명한 재상이었다.
9) 雍人(옹인) : 옹주(雍州)의 시골사람. 옹주는 구주(九州)의 하나.

2. 그대는 무슨 일을 할 것인가

요(堯)임금이 순임금에게 물었다.
"무슨 일을 먼저 할 것인가."
순임금이 대답하였다.
"먼저 하늘을 섬기는 일을 할 것입니다."
"누구에게 일을 맡길 것인가."
"땅에게 모든 일을 맡기겠습니다."
"무엇을 먼저 힘쓸 것인가."

"어질고 현명한 사람을 쓰는 데 힘쓰겠습니다."

이 세 가지로써 순임금은 천하를 넘겨 받은 것이다.

평지(平地)에 물이 모여들면 그 물은 물기가 있는 습한 곳으로 흐르게 되는 것이며 땔나무를 쌓아놓고 불을 지피면 불은 잘 마른 곳에서부터 붙기 시작한다. 이것은 물과 불이 같은 종류를 불러들이기 때문이다.

그러므로 요임금이 천하에서 선을 찾을 때는 모든 아름다움이 다 이르렀으며 걸왕(桀王)이 나쁜짓을 할 때에는 천하의 모든 악이 도래한 것 같이, 모든 것은 지도자가 어떠한 마음을 가지고 있느냐에 따라 돌아오는 것도 그와 상응하는 것이다.

〔요임금이 순임금에게 물었다. "무슨 일을 할 것인가." 순임금이 말하기를 "하늘을 섬길 것입니다." "누구를 임명할 것인가." "땅에 맡길 것입니다." "무엇을 힘쓸 것인가." "사람을 기용하는데 힘쓰겠습니다." 하였다. 평지(平地)에 물이 모이면 물은 습지로 흘러든다. 고르게 있는 땔나무에 불을 붙이면 불은 마른 곳에서 붙나니 이것을 불러들이는 종류라고 한다. 그러므로 요임금이 선(善)을 위하니 모든 아름다운 것이 이르렀고 걸(桀)이 나쁜 행동을 하니 모든 악이 이르렀다.〕

堯問於舜曰 何事 舜曰事天 問何任 曰任地 問何務 曰務人 平地而注水 水流溼 均薪[1]而施火 火從燥 召之類[2]也 是故堯 爲善 而衆美至焉 桀爲非而衆惡至焉

1) 均薪(균신) : 땔나무감이 고르게 많이 있다.
2) 召之類(소지류) : 불러들이는 종류. 곧 성질에 따라서 같이 활동하다의 뜻.

3. 네 가지 기운이 바르게 통하게 되는 것은

 네 계절의 기후가 고르고 날씨가 화창하여 해와 달이 훤히 비추고 만물이 풍족하여 살기 좋은 땅에서 즐기며, 네 계절의 기후가 화락하고 바르게 통하는 계절에는 만물이 번창하는 것이다.

 봄의 계절을 청양(靑陽)이라고 하고 여름의 계절을 주명(朱明)이라고 하고 가을의 계절을 백장(白藏)이라고 하고 겨울의 계절을 입영(立英)이라고 한다. 네 계절이 각각 바르게 조화를 부리고 밝게 비추는 것을 옥촉(玉燭 : 네 계절이 기후가 고른 것)이라고 일컫는 것이다.

 단비가 적당한 시기에 때맞춰 내리고 모든 만물이 아름다워지며 높이 자라는 것도 적지 않고 낮게 자라는 것도 많지 않으며 고루고루 갖추어진 것을 예천(醴泉 : 풍족하여 살기 좋은 땅)이라고 일컫는다.

 바람은 봄에는 발생(發生)이라고 하고 여름에는 장영(長嬴)이라고 하며 가을에는 방성(方盛)이라고 하고 겨울에는 안정(安靜)이라고 한다. 네 계절의 기후가 화락하고 바르게 통하게 되는 것을 영풍(永風)이라고 일컫는다.

 〔옥촉(玉燭)을 밝히고 예천(醴泉)을 마시고 영풍(永風)에 번창한다. 봄은 청양(靑陽)이 되고 여름은 주명(朱明)이 되고 가을은 백장(白藏)이 되고 겨울은 입영(立英)이 된다. 네 계절의 화(和)함이 바르면 빛이 비추게 되는데 이것을 옥촉(玉燭)이라고 한다. 단비가 때에 내리고 만물이 아름다워지며 높은 것은 적지 않고 아래한 것도

많지 않은 것을 예천(醴泉)이라고 이른다. 그 바람은 봄에는 발생(發生)이라고 하고 여름에는 장영(長嬴)이라고 하며 가을에는 방성(方盛)이라고 하고 겨울에는 안정(安靜)이라고 한다. 네 때의 기운이 화(和)하고 바르게 통하는 것을 영풍(永風)이라고 이른다.]

燭於玉燭[1] 飮於醴泉[2] 暢於永風 春爲靑陽[3] 夏爲朱明[4] 秋爲白藏[5] 冬爲立英[6] 四時和正光照 此之謂玉燭 甘雨時降 萬物以嘉 高者不少 下者不多 此之謂醴泉 其風 春爲發生[7] 夏爲長嬴[8] 秋爲方盛[9] 冬爲安靜[10] 四氣和爲通正 此之謂永風

1) 玉燭(옥촉) : 네 계절의 기후가 고르고 날씨가 화창하여 해와 달이 훤히 비추는 것. 자연의 조화가 극치를 이루는 때.
2) 醴泉(예천) : 만물이 풍족하여 살기 좋은 땅. 일설에는 단술이 나는 곳이라고도 한다. 지상의 낙원을 뜻한다.
3) 靑陽(청양) : 봄의 이칭(異稱).
4) 朱明(주명) : 여름의 이칭(異稱).
5) 白藏(백장) : 가을의 이칭(異稱).
6) 立英(입영) : 겨울의 이칭(異稱).
7) 發生(발생) : 봄바람의 이칭(異稱). 봄을 말하기도 한다.
8) 長嬴(장영) : 여름바람의 이칭(異稱). 여름을 말하기도 한다.
9) 方盛(방성) : 가을바람의 이칭(異稱). 가을을 말하기도 한다.
10) 安靜(안정) : 겨울바람의 이칭(異稱). 겨울을 말하기도 한다.

4. 남면하고 천하를 다스리다

요임금의 뒤를 이은 순(舜)임금이 남면(南面 : 남쪽을 바라봄)

제9편 인을 헤아리다[仁意] 101

하고 정좌하여 천하를 다스렸을 때는 온 천하가 태평성대였다.
 옥촉에 불을 밝히고 영풍(永風)으로 휴식을 취하며 고화(膏火:불에 구운 맛있는 고기)로써 먹고 예천에서 마시며 즐겼다.
 순임금의 어진 정치야 말로 황하와 바다에 비유할 수 있다.
 1천길이나 되는 깊은 시내가 물고기들로 가득 찼으며 땅강아지나 개미의 집 속도 먹을 것들이 가득했다.
 이러한 상황으로 미루어 보건대 우(禹)임금이나 탕(湯)임금의 나라 다스린 공로는 별로 말할 것이 못된다 하겠다.

 [순임금이 남면(南面)하고 천하를 다스렸는데 천하가 태평해졌다. 옥촉(玉燭)에서 불을 밝히고 영풍(永風)에서 휴식하며 고화(膏火)를 먹고 예천에서 마셨다. 순임금의 행동이 황하와 바다같은져! 1천 길이나 되는 시내가 가득하였으며 땅강아지와 개미집도 가득 찼다. 이러한 것으로 미루어 보건대 우임금과 탕임금의 공은 말할 것이 못된다.]

 舜南面而治天下 天下太平 燭於玉燭 息於永風 食於膏火[1] 飲於醴泉 舜之行其猶河海乎 千仞[2]之溪亦滿焉 螻蟻[3]之穴亦滿焉 由此觀之 禹湯之功 不足言也

1) 膏火(고화) : 불에 구운 기름진 고기.
2) 千仞(천인) : 1천 자.
3) 螻蟻(루의) : 땅강아지와 개미.

제10편 넓은 덕택〔廣擇〕

1. 우물 안에서 하늘을 바라보면 …

사람이 우물 안에서 하늘의 별을 바라본다면 그 우물 크기 만큼의 공간 안에 보이는 몇개의 별만을 볼 수 있다.

반대로 높은 언덕 위에 올라가 하늘을 바라본다면 무수한 별들이 새로 나오는 것부터 시작해서 다시 그 서쪽으로 들어가는 별까지 볼 수 있다.

이것은 밝음을 더한 것이 아니다. 좁은 공간이나 넓은 공간의 차이에서 오는 상황의 현실일 뿐이다.

대개 사사로운 마음이란 우물 안에서 하늘을 보는 것이요, 공적(公的)인 마음이란 언덕 위에서 하늘을 바라보는 것이다.

이러한 것은 지혜를 사사로운 곳에 사용하게 되면 그 지혜의 용도와 그 지혜를 사용해 얻는 지식이 지극히 적은 것이요, 공공적인 곳에 사용하게 되면 그 지혜의 용도와 지혜를 사용해 얻는 지식이 지극히 많은 것과 같은 것이다.

어떻게 그러한 것을 알 수 있는가?

저 춘추(春秋)시대에 오(吳)나라와 월(越)나라에서는 그 윗사람이 죽으면 신하나 처첩들까지도 따라 죽게 하였는데, 중국(中

國)에서는 그 소문을 듣고 그르다고 생각하여 '화가 나면 그 친척이나 따라 죽게 하지' 하는 유행어가 생겼다.

대개 지혜가 공적인 곳에 있으면 오나라와 월나라의 신하와 처첩도 사랑하게 되지만 사사로운 곳에 있게 되면 그 친척도 잊게 되는 것이다.

이것은 지혜가 모자라서 그런 것이 아니라 화난 감정이 덮은 것이다.

좋아하는 것도 또한 이와 같은 것이다.

속담에 '자기 자식이 잘못하는 것은 알지 못한다.' 는 말이 있다. 이것은 지혜가 모자란 것이 아니라 사랑이 덮었기 때문이다.

그러므로 대개 귀하고 천한 것을 논하고 옳고 그른 것을 판단하는 자는 반드시 공적인 마음으로써 말을 하고 공적인 마음으로써 들은 후에야 제대로 알게 되는 것이다.

〔우물 안에서 별을 쳐다보면 눈에 보이는 별은 몇개에 지나지 않지만 언덕 위에 올라가 하늘을 쳐다보면 무수한 별들의 처음 나오는 것도 보고 또 그 들어가는 것도 볼 수 있다. 밝은 것을 더한 것이 아니다. 그 상황이 그러한 것이다. 대저 사심(私心)은 우물 가운데요, 공심(公心)은 언덕 위인 것이다. 그러므로 지혜는 사사로운 데 비롯하면 아는 것이 적고 공적인 곳에서 비롯하면 아는 것이 많아진다. 어떻게 그러한 것을 알 것인가? 대저 오(吳)나라 월(越)나라에서는 신첩(臣妾)으로써 따라 죽게 하였는데 중국에서 그 소식을 듣고 나쁘다고 하여 '성나면 친척이나 따라 죽게 할 것이지' 하는 말이 생겼다. 대저 지혜가 공공적인 데 있으면 오나라와 월나라의 신첩도 사랑하게 되고 사사로운 데 있으면 그 친척도 잊게 된다. 지

혜가 손상된 게 아니라 화가 덮은 것이다. 좋아하는 것도 이와 같다. 속담에 '그 자식의 잘못은 알지 못한다.'고 했다. 이것은 지혜가 손상된 것이 아니라 사랑이 덮은 것이다. 그러므로 대저 귀천을 논하고 시비를 판단하는 자는 반드시 공심(公心)으로부터 말하고 공심으로부터 들은 후에야 가히 알 것이니라.〕

因井中視星 所視不過數星 自邱上[1]以視 則見其始出 又見其入 非明益也 勢使然也 夫私心 井中也 公心 邱上也 故智載於私則所知少 載於公則所知多矣 何以知其然 夫吳越之國[2] 以臣妾爲殉 中國聞而非之 怒則以親戚殉一言 夫智在公則愛吳越之臣妾 在私則忘其親戚 非智損也 怒弇之也 好亦然 語曰莫知其子之惡也 非智損也 愛弇之也 是故夫論貴賤辨是非者 必且自公心言之 自公心聽之 而後可知也

1) 邱上(구상) : 언덕 위.
2) 吳越之國(오월지국) : 전국시대의 오(吳)나라와 월(越)나라로, 서로 이웃해 있으면서 항상 원수같이 지내던 나라. 원수사이를 일컫기도 한다.

2. 온 천하를 사랑하는 것이 가장 큰 것이다

한 가정의 가장(家長)은 자신의 집안만을 사랑하고 그 이웃들은 돌보지 않는다.

한 나라의 군주는 그 나라의 백성만을 사랑하고 그 적국의 백성은 사랑하지 않는다.

천하를 다스리는 천자(天子)는 온 천하의 백성 모두를 함께 사랑하는 것으로 사랑이 거대한 것이다.

묵적(墨翟)은 '함께 사랑하는 것'을 귀중하게 여겼고 공자(孔子)는 '공공적인 것'을 귀하게 여겼으며 황자(皇子)는 '속〔衷〕'을 귀하게 여겼으며 전자방(田子方)은 '고른 것'을 귀하게 여겼으며 열자(列子)는 '공허'를 귀하게 여겼으며 요자(料子)는 '별도의 공원'을 귀하게 여겼다.

이 모든 이들은 그 배운 것이 서로 달랐을 뿐 아니라 여러 대에 걸쳤으며 이미 다 각자의 사사로운 것에 빠졌을 뿐이다.

〔필부는 그 집을 사랑하고 그 이웃을 사랑하지 않으며 제후는 그 나라를 사랑하고 그 적을 사랑하지 않으며 천자는 천하를 아울러 사랑하나니 큰 것이다. 묵자는 겸(兼)을 귀히 여기고 공자는 공(公)을 귀히 여기고 황자(皇子)는 충(衷)을 귀히 여기고 전자(田子)는 균(均)을 귀히 여기고 열자(列子)는 허(虛)를 귀히 여기고 요자(料子)는 별유(別囿)를 귀히 여겼다. 그 학문이 서로 틀린 것이 여러 대였으며 이미 다 사사로움에 덮인 것이다.〕

匹夫愛其宅 不愛其隣 諸侯愛其國 不愛其敵 天子兼天下而愛之 大也
墨子[1]貴兼 孔子[2]貴公 皇子[3]貴衷 田子[4]貴均 列子[5]貴虛 料子[6]貴別囿[7] 其學之相非也數世矣 而已皆奄於私也

1) 墨子(묵자) : 묵적(墨翟). 전국시대 송(宋)나라의 사상가. 겸애(兼愛)를 주창한 묵가(墨家)의 시조이다.
2) 孔子(공자) : 유가(儒家)의 시조. 춘추시대 노(魯)나라 사람이며 이름은 구(丘), 자는 중니(仲尼). 처음에는 노나라에서 사구(司寇)의 벼슬을 지내다 사직하고 여러 나라를 주유(周遊)하며 성왕의 도를 시행토록 유세

제10편 넓은 덕택[廣擇] 107

했으나 받아들여지지 않아 3천여 제자들과 함께 노나라로 돌아와 시(詩) 서(書) 예(禮) 악(樂) 역(易) 춘추(春秋) 등 6경을 산술하였다.
3) 皇子(황자) : 누구인지 자세하지 않다.
4) 田子(전자) : 전국시대 위(魏)나라 문후(文侯)의 스승인 전자방(田子方)을 뜻함.
5) 列子(열자) : 전국시대 정(鄭)나라 사람으로 열어구(列禦寇)이다. 노담(老聃)의 허(虛)에 근본한 열자 8권의 저서가 있다.
6) 料子(요자) : 누구인지 기록이 자세하지 않다.
7) 別囿(별유) : 별도의 공원.

3. 실상은 하나에 불과한 것이다.

하늘[天] 제왕[帝] 황제[皇] 황후[后] 임금[辟] 공공[公] 크다[弘] 넓다[廓] 광대하다[宏] 크다[溥] 크다[介] 크다[純] 크다[夏] 크다[幠] 크다[冢] 크다[晊] 크다[昄]는 다 거대하다는 뜻이다.

이밖에 크다는 것이 여러 가지가 있으나 그 본 진실은 하나로 귀결된다.

대저 겸하다[兼] 공공적이다[公] 허무하다[虛] 고르다[均] 충실[夷]하다 평이하다 별유(別囿 : 공원)는 하나의 진실이요, 서로 다른 것이 아니다.

이상의 모든 실체는 다 하나로 통일되는 선 속에 있다는 것이다.

[천(天) 제(帝) 황(皇) 후(后) 벽(辟) 공(公) 홍(弘) 곽(廓) 굉

(宏) 보(溥) 개(介) 순(純) 하(夏) 호(幠) 총(冢) 질(晊) 반(昄)은
다 대(大)의 뜻이다. 열 개 외에 다른 이름이 있으나 그 진실은 하
나이다. 마찬가지로 겸(兼) 공(公) 허(虛) 균(均) 충(衷) 평이(平易)
별유(別囿)는 하나의 진실이요, 서로 다른 것이 없는 것이다.]

天帝皇后辟公[1]弘廓宏 溥介純夏幠冢晊昄[2]皆大也 十有餘名
而實一也 若使兼公虛均衷平易別囿一實也 則無相非也

1) 天帝皇后辟公(천제황후벽공) : 모두 임금(君)이라는 뜻이라고 『이아(爾
雅)』 석고편에 나와 있다.

2) 弘廓宏溥介純夏幠冢晊昄(홍곽굉보개순하호총질반) : 모두 크다(大)의 뜻
이라고 『이아(爾雅)』 석고(釋古)편에 나와 있다. ※『이아』 석고편에는
주석과 같이 분류되어 있는데 『시자(尸子)』는 하나로 합해져 있다. 중간
에 오탈자(誤脫字)가 있는 것 같다.

4. 저당 잡힌 사람을 돈으로 찾다

사람을 돈으로 바꾸어 오다.

▨ 노나라의 법(法)에는 남에게 빚을 지면 돈을 꾸어준 사람
이 빚대신 아내나 자식을 데려 갔다. 돈을 벌어 그 빚을 갚으면,
아내나 또는 빚대신 잡혀 있는 아들이나 딸들을 데려 올 수 있
었다. 이것을 속인(贖人)이라고 하였다.

贖人[1]

1) 贖人(속인) : 돈으로 사람을 바꾸는 것. 곧 빚대신 잡혀 있는 사람을 그
돈을 물어주고 데려오다. 찾아오다의 뜻.

제11편 너그러운 아들〔綽子〕

1. 어찌 주나라의 친척에게만 할 것인가

옛날의 요(堯)임금은 하소연할 곳도 없는 불쌍한 사람들을 잘 돌보았다.

순(舜)임금에게 선양받은 우(禹)임금은 죄지은 사람들 중에 억울한 사람이 없는가 잘 살폈다.

은(殷)나라의 탕(湯)임금과 주(周)나라의 무왕(武王)은 날아다니는 새와 모든 짐승에게까지도 사랑이 미쳤다.

이러한 것은 앞서간 성왕(聖王)들이 위태로운 처지에 있는 사람은 편안하게 해주고 머나먼 오랑캐의 땅에까지도 함께 은덕을 미치게 한 것이다.

성인(聖人)들은 크게 사사로운 가운데에서도 사사롭게 하는 일이 없는 것이요, 성인들이 크게 좋아하고 크게 미워한다고 해도 그 속에는 미워하고 좋아하는 편벽된 것이 없는 것이다.

요(堯)임금에게 제왕의 지위를 물려 받은 순(舜)임금이 말하기를 "남쪽 바람이 솔솔 불어오는 것이여, 내 백성의 원성을 풀어줄 것이네." 하였다.

이것은 순임금이 새와 짐승을 노래하지 않고 민중을 노래하였다는 것이다.

하(夏)나라의 걸(桀)왕을 물리치고 천자의 지위에 오른 탕(湯)임금이 말하기를 "짐(나)의 몸에 죄가 있으면 그 죄가 온 천하에는 미치지 않을 것이요, 온 천하에 죄가 있다면 짐의 몸이 받는다네." 하였다.

이것은 탕(湯)임금이 그 몸에는 사사로운 것을 적용하지 않지만 온 천하에는 사사로운 것을 적용한다는 것이다.

은(殷)나라 때 서백(西伯)으로 일컬어지던 문왕(文王)이 말하기를 "진실한 어진 사람이 있어야 하는데 어찌 주(周)나라의 친척에게서만 구하려 할 것인가?" 라고 했다.

이것은 문왕이 그 친척에게만 사사롭게 하지 아니한 것이요, 모든 나라에까지도 사사롭게 했다는 것이다.

앞서간 성왕(聖王)들이 사사로움이 없었던 것은 아니다. 성왕들도 사사로움이 있게 마련이다. 단지 그 사사로움이 일반의 보통 사람들과는 같지 않다는 것 뿐이다.

〔요(堯)임금은 무고(無告)를 잘 길렀으며 우(禹)임금은 고인(辜人)을 사랑하였다. 탕임금과 무왕은 새와 짐승에게까지 사랑이 미쳤다. 이러한 것은 앞서간 왕들이 위태한 것을 편안하게 먼 곳까지 품은 것이다. 성인(聖人)은 크게 사사로운 가운데도 사사로움이 없으며 그 크게 좋아하고 미워하는 가운데에도 좋아하고 미워하는 것이 없는 것이다. 순(舜)임금이 이르기를 "남풍이 솔솔 붐이여. 가히 써 우리 백성의 성냄을 풀 것이다." 하였다. 순임금은 새와 짐승을 노래하지 않고 백성을 노래했다. 탕(湯)임금이 말하기를 "내 몸에 죄가 있으면 만방(萬邦)에는 미치지 않고 만방에 죄가 있으면 내 몸으로 받는다."고 했다.

탕임금은 그 몸을 사사로이 아니하고 만방에는 사사롭게 하였다. 문왕(文王)은 말하기를 "진실로 인인(仁人)이 있어야지 어찌 반드시 주(周)나라의 친척에게만 할 것인가?" 라고 했다. 문왕은 그 친척에게 사사롭게 아니하고 만국(萬國)에 사사롭게 하였다. 앞서간 왕들도 사사로움이 없는 것은 아니다. 그 사사롭게 하는 것이 일반 사람들과 동일하지가 않을 따름이다.〕

堯養無告[1] 禹愛辜人[2] 湯武[3]及禽獸 此先王[4]之所以安危而懷遠也 聖人於大私之中也 爲無私 其於大好惡之中也 爲無好惡 舜曰 南風之薰兮 可以解吾民之慍兮 舜不歌禽獸而歌民 湯曰 朕身有罪 無及萬方 萬方有罪 朕身受之 湯不私其身而私萬方 文王曰 苟有仁人 何必周親[5] 文王不私其親而私萬國 先王非無私也 所私者與人不同也

1) 無告(무고) : 의지할 데 없고 하소연할 곳이 없는 사람들. 고아, 과부, 홀아비, 자식없는 노인.
2) 辜人(고인) : 죄를 지어 옥살이를 하는 자. 또는 죄를 받은 자.
3) 湯武(탕무) : 탕임금과 무왕(武王).
4) 先王(선왕) : 앞서간 왕들. 곧 성왕(聖王)인 요순우탕(堯舜禹湯).
5) 周親(주친) : 주(周)나라의 친척들.

2. 정원 안의 아름다운 열매는 알지 못한다

소나무와 잣나무같은 높은 곳에만 오르는 쥐는, 집안 정원 안 전나무에도 아름다운 열매가 있다는 것을 알지 못한다.

▨ 높은 것만 좋아하면 가까운 곳에 좋은 것이 있어도 그것을

보지 못한다. 곧 등잔 밑이 어둡다는 뜻이다.

〔소나무와 잣나무의 쥐는 정원 안에 아름다운 전나무 열매가 있는 것을 알지 못한다.〕

松栢之鼠 不知堂密[1]之有美樅[2]

1) 堂密(당밀) : 집안의 정원 안.
2) 樅(종) : 전나무.

제12편 도에 머무르다〔處道〕

1. 임금은 그릇과 같다

공자(孔子)가 이런 말을 했다.

"무엇을 알고 싶으면 계속 질문하고 무엇을 능숙하게 잘하고 싶으면 열심히 배우고 넉넉하게 살고 싶으면 미리 미리 저축하여 준비하고 착한 일을 하고자 한다면 많은 노고를 해야 한다."

공자의 말처럼 모든 것은 열심히 노력하는 데 있는 것이다.

한 국가를 다스리는데 있어서도 이와 마찬가지다. 나라가 어지러울 때에는 그 나라에서 어지러움을 조장하는 사람을 가려내어 추방하면 나라는 잘 다스려진다.

가슴속이 어지러워도 마찬가지다. 자신의 가슴속에 들어 있는 사특한 것과 욕심을 다 버리면 덕이 바르게 된다.

이 세상에는 눈이 어두운 자가 없지 아니하다. 그러나 사람들이 귀한 것을 아름답게 여기는 것은 눈이 밝은 자가 많기 때문에 이루어진 것이다.

천하에 귀먹은 자가 또한 없지 아니하다. 그러나 선비가 귀하다는 것을 판단하는 것은 귀가 총명한 사람이 많기 때문이다.

이 세상에는 세상을 어지럽히는 사람이 없지 아니하다. 그러나 요임금이나 순임금의 귀한 것으로써 가르치는 자가 많기 때문에 세상은 다스려진다.

공자가 말하였다.

"임금이라는 것은 그릇과 같고 백성이라는 것은 물과 같은 것이다. 그릇이 모나 있으면 그 안에 담겨있는 물도 모나고 그릇이 둥글면 담겨있는 물도 둥근 것과 같다."

〔공자가 말하기를 "알고자 하면 질문하고 재능이 있으려면 배우고 넉넉하고자 하면 미리 준비하고 선하고자 하려면 수고해야 한다."고 했다. 나라가 어지러울 때 그 사특한 사람을 가려서 버리면 나라가 다스려진다. 가슴속이 어지러울 때 그 마음의 사욕을 가려서 버리면 덕이 바르게 된다. 천하에 어두운 자가 없지 않지만 사람이 귀한 것을 아름답게 여기는 것은 눈이 밝은 자가 많기 때문이다. 천하에 귀먹은 자가 없지 않지만 선비의 귀한 것을 판단하는 것은 귀가 밝은 자가 많기 때문이다. 천하에 어지럽히는 사람이 없지 않지만 요임금이나 순임금의 귀함으로써 가르치는 자가 많이 있다. 공자가 말하기를 "임금이라는 것은 그릇이고 백성은 물이다. 그릇이 모나면 물도 모나고 그릇이 둥글면 물도 둥글다."고 하였다.〕

孔子曰 欲知則問 欲能則學 欲給則豫 欲善則肄 國亂則擇其邪人而去之 則國治矣 胸中亂則擇其邪欲而去之 則德正矣 天下非無盲者也 美人之貴 明目者衆也 天下非無聾者也 辨士之貴 聰耳者衆也 天下非無亂人也 堯舜之貴 可教者衆也 孔子曰 君者盂[1]也 民者水也 盂方則水方 盂圓則水圓

1) 盂(우) : 그릇.

2. 가는 허리를 좋아하자 굶는 자가 많았다

군주가 무엇을 좋아한다면 일반 백성들은 잘 따르지 않고 반대로 가는 경향이 많다.

그런데 옛날 월(越)나라 구천(句踐)이 용맹을 좋아하자 월나라의 백성들은 죽는 것을 가볍게 여겨 용맹을 떨치는 일이라면 목숨을 아끼지 않았다.

또 초(楚)나라 영왕(靈王)이 가는 허리를 좋아하자 궁녀들이 가는 허리를 유지하려고 음식을 먹지 않고 굶기를 밥먹듯 하는 자가 많았다고 했다.

대개 '죽는 것'과 '굶주리는 것'은 모든 사람들이 싫어하는 것이다. 그런데도 임금이 진실로 좋아하면 일반 백성들은 자연히 따르게 마련이다.

하물며 인과 의(義)를 좋아하는 것에 있어서는 어떠하겠는가.

폭군인 걸(桀)왕과 주(紂)왕이 천하를 다스릴 때에는 온 천하가 다 어지러웠다고 말한다. 그러나 관룡봉과 왕자 비간만은 그 혼란 속에 휩싸이지 않았건만 그래도 다 '어지러웠다'고 말한다. 이것은 어지러움에 휩싸인 자가 더 많았기 때문이다.

요임금과 순임금이 천하를 다스릴 때에는 온 천하가 다 다스려졌다고 말한다. 그러나 단주(丹朱)와 상균(商均)은 다스려지지 않았는데도 '다 다스려졌다'고 말한다. 이것은 다스려진 자가 훨씬 많았기 때문이다.

그러므로 말하기를 "임금이 성심으로 추구하면 일반 백성은 자연스럽게 따른다."고 하였다.

경(卿)과 대부(大夫)가 따르면 백성은 달리듯이 따르고 고을 관리의 우두머리나 마을의 촌장이 따르면 백성은 물흐르는 듯이 따른다.
무릇 일반 백성을 가르치는 것이 많으므로 '물과 같다.'고 하였다.

[윗사람이 무엇을 좋아하면 백성들은 잘 따르지 않는다. 옛날에 구천(句踐)이 용맹을 좋아하자 백성이 죽는 것을 가볍게 여겼고 영왕(靈王)이 가는 허리를 좋아하자 백성이 굶는 자가 많았다. 대저 죽는 것과 굶주리는 것은 백성들이 다 싫어하는 것이다. 임금이 진실로 좋아하면 백성들은 자연히 따르는 것이다. 하물며 인의(仁義)이겠는가? 걸(桀)과 주(紂)가 천하를 다스릴 때에는 사해(四海)의 안이 다 어지러웠다. 관룡봉(關龍逢)과 왕자비간(王子比干)은 그렇지 않았는데도 다 어지러웠다고 말한 것은 그 어지럽힌 자가 많았기 때문이다. 요(堯)와 순(舜)이 천하를 다스릴 때는 사해의 안이 다 다스려졌다. 단주(丹朱)와 상균(商均)은 그렇지 못했는데도 다 다스려졌다고 말한 것은 그 다스려진 자가 많아서였다. 그러므로 이르기를 '임금이 진실로 따르면 백성도 자연히 따른다.'고 했다. 경과 대부가 따르면 백성은 달리고 관장(官長)이 따르면 백성은 흐르듯 한다. 대저 백성의 가히 가르치는 것이 많으므로 '물과 같다'고 한 것이다.]

上何好而民不從 昔者句踐[1]好勇而民輕死 靈王[2]好細腰而民多餓 夫死與餓 民之所惡也 君誠好之 百姓自然 而況仁義乎 桀紂之有天下也 四海之內皆亂 而關龍逢[3]王子比干[4]不與焉

而謂之皆亂 其亂者衆也 堯舜之有天下也 四海之內皆治 而丹朱[5]商均[6]不與焉 而謂之皆治 其治者衆也 故曰君誠服之 百姓自然 卿大夫服之 百姓若逸[7] 官長服之 百姓若流 夫民之可敎者衆 故曰猶水也

1) 句踐(구천) : 춘추시대 월(越)나라의 제2대왕. 오(吳)나라 부차(夫差)에게 당한 치욕을 씻기 위해 와신상담(臥薪嘗膽)의 모든 고생을 참고 견디어 마침내 오나라를 멸망시켜 원수를 갚았다.
2) 靈王(영왕) : 춘추시대 초(楚)나라 영왕. 궁녀의 가는 허리를 좋아했다고 한다.
3) 關龍逢(관룡봉) : 하(夏)나라 걸왕(桀王) 때의 현신(賢臣)으로 걸왕에게 간하다 피살되었다.
4) 王子比干(왕자비간) : 은(殷)나라 주왕(紂王)의 숙부로 주왕의 학정을 간하다가 처형당했다.
5) 丹朱(단주) : 요임금의 아들 이름.
6) 商均(상균) : 순임금의 아들. 이름은 균(均), 상(商)에 봉해졌다. 어리석어 제위를 이어받지 못하였다.
7) 若逸(약일) : 달리 듯하다.

3. 사물에 알맞게 적용하는 것이 대인(大仁)이다

  도(道)를 행하여 체득한 품성인 '덕'이라는 것은 하늘과 땅의 모든 만물이 얻어 가질 수 있는 것이다.
  의리(義理)라는 것은 공공을 위한 것으로서 하늘과 땅의 모든 만물이 얻어 마땅한 것을 뜻한다.
  오상(五常)의 하나인 예(禮)란 하늘과 땅의 모든 만물이 실질적으로 체득하여 각자에게 적당한 것을 말하는 것이다.
 하늘과 땅과 모든 만물로 하여금 다 그에 따른 마땅한 것을 얻고 그 마땅한 것을 각자의 몸에 알맞게 적용하는 것을 대인(大仁)이라고 하는 것이다. 곧 천지자연의 조화와 함께 행동하는 것이다.

 〔덕이란 천지만물이 얻는 것이요, 의(義)란 천지만물의 마땅한 것이요, 예(禮)란 천지만물의 몸체다. 천지만물로 하여금 다 그 마땅한 것을 얻어 그 몸체에 알맞으면 대인(大仁)이라고 이른다.〕

 德者 天地萬物得也 義者 天地萬物宜也 禮者 天地萬物體也 使天地萬物皆得其宜 當其體者 謂之大仁

4. 한 끼 밥먹고 살쪘느냐고 묻는다면

 사람이 밥을 먹는 것은 살찌기 위한 것이다. 그런데 한 끼니를 먹고 남에게 물어 말하기를 내가 살이 쪘느냐고 묻는다면 듣는 사람들이 다 웃을 것이다.
 대개 천하를 다스린다는 것은 보통 큰 일이 아니다. 그런데 지금 사람들은 다 한 끼니를 먹고 살이 쪘느냐고 묻는 것과 같이 금방의 효과를 바라고 있다.
 이것은 착한 사람이 하늘과 땅을 다스린다면 그때에나 가능한 것이다.
 내가 어떻게 행동하고 말하면 타인이 선해질 것인가.
 공자가 말하였다.

제12편 도에 머무르다[處道] 119

"자신에게서 얻은 사람은 백성에게서도 얻고 자신을 잃어버린 자는 백성에게서도 잃는다. 문밖을 나가지 않고도 천하의 일을 알고 그 대청을 내려서지 않고도 사방을 다스리는 것은 자신을 돌이켜 보면 알 수 있다."

이러한 이야기로 미루어 보면 자신을 다스리면 남도 다스려진다는 것이다.

〔먹는 것은 살찌기 위한 것인데 한 끼 밥먹고 사람에게 묻기를 어떠하냐고 하면 사람들이 다 웃는다. 대저 천하를 다스리는 것은 큰 일이다. 지금 사람들이 다 한 끼 밥먹고 어떻게 되었냐고 묻는 것과 같은 것이다. 선인(善人)이 하늘과 땅을 다스리면 가히 할 것이다. 내가 어떻게 하면 타인이 선해질까.

중니(仲尼)가 말하기를 "자신을 얻은 사람은 백성에게도 얻고 자신을 잃은 자는 백성에게도 잃나니 문밖을 나가지 않고도 천하를 알 것이며 그 당을 내려서지 않고도 사방을 다스리는 것은 자신에게 돌이키면 알 것이다."고 했다. 이러한 것으로 미루어 보면 자신을 다스리면 남도 다스려진다.〕

食所以爲肥也 壹飯¹⁾而問人曰奚若 則皆笑之 夫治天下大事也 今人皆壹飯而問奚若者也 善人以治天地則可矣 我奚爲而人善 仲尼²⁾曰 得之身者得之民 失之身者失之民 不出於戶而知天下 不下其堂而治四方 知反之於己者也 以是觀之 治己則人治矣

1) 壹飯(일반) : 한 끼의 식사.
2) 仲尼(중니) : 공구(孔丘)의 자(字). 공자.

제13편 하늘의 신령, 땅의 신령〔神明〕

1. 한 자 밖에 안되는 태양이 온 누리를 비춘다

　도덕의 지선(至善)한 것과 인간이 지켜야 할 법칙과 아는 것과 덕이 가장 뛰어나고 사리에 통달한 사람과 슬기가 있는 것 등은 하늘이나 땅과 어깨를 나란히 할 수 있다.

　하늘이 만일 이 우주를 감싸지 않았다면 뭇백성은 장차 무엇을 믿고 무엇을 바랄 수 있을 것인가.

　땅이 만일 우리들을 실어주지 않았다면 뭇백성은 장차 어디에서 편안하게 살며 어디에서 편안하게 걸어 다닐 수 있겠는가.

　또 성인(聖人)이 태어나서 이 천하를 다스리지 않았다면 장차 어디를 따를 것이며 어디에 의지할 수 있을 것인가.

　그러므로 하늘이 이 민중이 살도록 덮어 감싸고 있으며 땅이 이 민중이 편안한 삶을 누리도록 실어주고 성인(聖人)이 태어나서 이 민중이 편안한 삶을 누리도록 잘 다스려 주고 있다.

　성인(聖人)의 몸이란 해와 같은 것이다.

　대저 해는 둥글기가 한 자 밖에 안되지만 그 찬란히 빛나는 광채는 하늘과 땅을 가득 메운다. 성인(聖人)도 또한 몸은 그리 크지 않지만 그 혜택이 미치는 곳은 온 천하이다. 성인이 자신의

시자(尸子)

몸을 바르게 하면 천하의 모든 나라들이 잘 다스려진다.

〔인(仁)과 의(義)와 성(聖)과 지(智)는 하늘과 땅과 나란히 한다. 하늘이 만약 덮어싸지 않았다면 백성은 장차 무엇을 믿고 무엇을 바라리오 땅이 만일 실어주지 않았다면 백성은 장차 어찌 살며 어찌 행하리오 성인(聖人)이 만약 다스리지 않았다면 백성은 장차 누구를 따르며 누구를 믿을 것인가. 그러므로 하늘이 덮어 감싸고 땅이 실어주고 성인이 다스린다. 성인의 몸은 해와 같다. 대저 해는 둥글기가 한 자지만 빛이 하늘과 땅에 가득하다. 성인의 몸은 작지만 그 밝히는 것이 먼곳까지 하며 성인이 몸을 바르게 하면 사방이 다스려진다.〕

仁義聖智參天地[1] 天若不覆[2] 民將何恃何望 地若不載 民將安居安行 聖人若弗治 民將安率安將 是故天覆之 地載之 聖人治之 聖人之身猶日也 夫日圓尺 光盈天地 聖人之身小 其所燭遠 聖人正己 而四方治矣

1) 參天地(참천지) : 하늘과 땅과 나란히 하다.
2) 覆(복) : 덮다.

2. 정치란 사람을 바르게 하는 것이다

위에 있는 벼리줄이 올곧으면 모든 그물의 코가 다 잘 열린다. 곧 첫단추가 잘 끼워져야 옷이 고르게 펴지는 것과 같다.

사람의 덕행(德行)도 마찬가지로 작은 사심 하나 없이 자신의 덕행이 진실로 옳고 곧으면 진실한 덕으로 천하가 다 감복하여

제13편 하늘의 신령과 땅의 신령〔神明〕

따르는 것으로 모든 만물이 다 바르게 된다.

이 세상의 정치라는 것은 사람을 바르게 하는 것이다. 남을 바르게 하려면 자신이 먼저 올바르게 되어야 타인도 감복해서 따르는 것이다. 자신이 올바르지 않으면 남도 따르지 않는다.

그러므로 말하지 않아도 믿고 따르며 성내지 않아도 위엄을 받들며 베풀지 않아도 인(仁)이 만방에 펼쳐지는 것이다.

이런 모든 마음이 있으면 천하 사람들이 바르게 되는 것이니 이것을 '지극한 정치'라고 하는 것이다.

지금의 사람들은 말하기를 "천하가 너무 어지럽다. 선을 행하기가 매우 어렵다."고 한다. 그런데 이것은 그렇지 않다.

대개 배가 고픈 사람은 어서 바삐 배고픈 것을 면하려고 하고, 추위에 떠는 사람은 어서 빨리 옷을 입으려고 한다.

이와 마찬가지로 이 어지러움이 절정에 이르면 빨리 안정되기를 바라기에 어지러움이 있은 후에는 덕을 베풀기가 더 쉬워져 조그마한 덕을 베풀어도 쉽게 감복하게 되는 것이다.

〔위의 그물줄이 진실로 곧으면 온갖 그물의 코가 다 열리고 덕행이 진실로 곧으면 모든 사물이 바르게 된다. 정치라는 것은 사람을 바르게 하는 것이다. 자신이 바르지 않으면 남이 따르지 않는다. 그러므로 말하지 않아도 믿고 성내지 않아도 위엄이 서며 베풀지 않아도 인(仁)이 되는 것이다. 이러한 마음이 있으면 저들이 바르게 되며 이것을 지극한 정치라고 한다. 지금 사람들은 천하가 어지러워 선을 하기도 어렵다고 한다. 그러나 그렇지가 않다. 대저 굶주린 자가 쉽게 먹을 것을 찾고 추위에 떠는 자는 쉽게 옷을 찾는다. 이 어지러움이 있은 후에야 덕을 베푸는 일도 쉬운 것이다.〕

上綱[1]苟直 百目[2]皆開 德行苟直 群物皆正 政也者 正人者也 身不正則人不從 是故不言而信 不怒而威 不施而仁 有諸心而彼正 謂之至政 今人曰天下亂矣 難以爲善 此不然也 夫飢者易食 寒者易衣 此亂而後易爲德也

1) 上綱(상강) : 위에 있는 날줄. 곧 그물의 벼리.
2) 百目(백목) : 모든 그물코

시자(尸子) 하권(下卷)
-산견제서문휘집(散見諸書文彙輯)-

공자가 어느날 제자인 자하(子夏)에게 질문을 하였다.
"상(商)아, 너는 군주가 어떠한 것인가를 알고 있느냐?"
하니, 제자인 자하(子夏)가 대답하였다.
"물에 사는 물고기는 물이 없으면 죽게 되지만
물은 물고기를 잃어 버린다 해도
물로 그냥 있는 것과 같습니다.
곧 군주는 백성을 잃으면 자신이 죽는 것이지만
백성은 군주를 잃어도 그냥 백성으로 남는 것과 같은 것입니다."
공자가 이러한 자하의 대답을 듣고 말하였다.
"상아, 너는 군주가 어떠한 것인가를 자세히 알고 있구나."

1. 오색이 빛나는 것은 태양이다

하늘과 땅이 존재하는 사방을 '우(宇)'라고 하고 옛날이 가고 현재가 도래하는 것을 '주(宙)'라고 하여 이것을 '우주'라고 한다.

태양은 다섯 빛깔의 색을 띠고 있는 지극한 양(陽)의 정수(精髓)이며 군주의 덕(德)을 본떠 형상화한 것이다. 태양의 다섯 빛깔이 밝게 비치면 군주는 지구(地球)에 올라 앉아 제왕의 위엄을 나타내는 인간의 우두머리가 되는 것이다.

황제헌원씨(黃帝軒轅氏)의 아들 소호금천씨(少昊金天氏)가 궁상(窮桑)땅을 도읍으로 정하였는데 태양의 오색 빛깔이 번갈아 궁상땅을 비추었다.

별을 사용하여 밤을 빛나게 하였으며 달을 사용하여 때를 맞추게 하였으며 닭을 부려서 새벽을 알리도록 하였다.

오색의 무지개를 '석예(析翳)'라고 하였다.

혜성을 '참창(欃槍)'이라고 하였다.

〔하늘과 땅의 사방을 '우(宇)'라고 이름하고 옛날이 가고 지금이 오는 것을 '주(宙)'라고 한다.

해는 다섯 가지 색으로 지극한 양(陽)의 정수이며 '임금의 덕'을 본뜬 것이다. 다섯 가지 빛깔이 비추어 빛나는 것은 군주가 토(土)를 올라타고 왕으로 군림하는 것이다.

소호금천씨(少昊金天氏)는 궁상(窮桑)땅에 도읍을 정하였는데 태양의 오색 빛깔이 궁상땅을 번갈아 비추었다.

하늘의 별을 시켜서 밤을 맡게 하고 달로써 시간을 맡게 하고 닭을 시켜서 새벽을 맡도록 하였다.
무지개는 석예(析翳)라고 한다. 혜성을 참창(欃槍)이라고 한다.〕

天地四方曰宇 往古來今曰宙
日五色 至陽之精 象君德也 五色[1]照耀 君乘土而王
少昊金天氏[2] 邑於窮桑[3] 日五色 互照窮桑
使星司夜 月司時 猶使雞司晨也
虹霓爲析翳[4] 彗星爲欃槍[5]

1) 五色(오색) : 청 황 적 백 흑의 다섯 빛깔.
2) 少昊金天氏(소호금천씨) : 중국의 태고시대 제왕의 이름이다. 황제(黃帝)의 아들이며 이름은 효(孝)이고 호가 금천(金天)이다.
3) 窮桑(궁상) : 땅 이름. 자세하지 않다.
4) 析翳(석예) : 무지개의 별칭(別稱).
5) 欃槍(참창) : 혜성의 별칭(別稱).

2. 봄은 성실한 것이다

네 계절에서 봄은 '성실한 것〔忠〕' 이다. 동쪽을 봄으로 삼는다. 봄은 활동하는 계절이다. 그렇기 때문에 새와 짐승이 짝짓는 계절을 맞아 새끼를 배어 편안해 지고 풀과 나무가 아름답게 새싹이 돋고 모든 만물이 다 이루어지는 것이므로 '성실한 것의 지극함' 이라고 한다.
여름은 '즐거운 것' 이다. 남쪽을 여름으로 삼는다. 여름은 일어나 융성하는 것이며 남쪽을 맡는 것이다. 그러므로 모든 만물을 맡아서 융성하게 하고 번식을 더욱 왕성하게 하여 왕성함이 가득차 '즐거움의 지극함'이라고 한다.

가을은 '예절의 계절'이라고 한다. 방위로는 서쪽을 가을로 삼는다. 또 가을은 엄숙한 것이다. 만물이 엄숙하고 공경하지 아니함이 없는 것이므로 '예절의 지극함'이라고 한다.

겨울을 '믿음의 계절'이라고 한다. 방위로는 북쪽을 겨울로 삼으며 겨울의 계절은 끝마치는 것이다. 또 북쪽은 엎드리는 쪽이기도 하다. 그러므로 만물이 겨울의 계절에 이르면 다 엎드려 귀하고 천한 것이 하나같고 아름답고 추한 것이 가감이 없이 있는 그대로 보여 '믿음의 지극함'이라고 한다.

〔봄을 정성스러운 것이라고 한다. 동방(東方)은 봄이 된다. 봄은 움직이는 것이다. 그러므로 새와 짐승은 새끼를 가진 데 편안하고 풀과 나무가 곱게 태어나고 만물이 다 이루어져 정성스러움의 지극한 것이다.

여름을 즐거움이라고 한다. 남방(南方)은 여름이 된다. 여름은 흥하는 것이다. 남쪽을 맡은 것이다. 그러므로 만물을 맡아서 흥성하지 않음이 없고 번식이 더욱 왕성하여 즐거움이 지극한 것이다.

가을을 예(禮)로 삼는다. 서방(西方)이 가을이 된다. 가을은 엄숙하다. 만물이 엄숙하고 공경하지 않음이 없으며 예의 지극한 것이다.

겨울을 믿음으로 삼는다. 북방(北方)이 겨울이 된다. 겨울은 마치는 것이다. 북쪽은 엎드리는 방향이다. 그러므로 만물이 겨울에 이르면 다 엎드려 귀하고 천한 것이 균일하고 아름답고 미움이 덜어지지않아 믿음이 지극한 것이다.〕

春爲忠 東方爲春 春 動也 是故鳥獸孕寧 草木華生 萬物咸
遂 忠之至也
夏爲樂 南方爲夏 夏 興也 南 任也 是故萬物莫不任興 蕃
殖充盈 樂之至也
秋爲禮 西方爲秋 秋 肅也 萬物莫不肅敬 禮之至也
冬爲信 北方爲冬 冬終也 北 伏方也 是故萬物至冬皆伏 貴
賤若一 美惡不減 信之至也

3. 동쪽과 서쪽의 거리는 2만 6천리이다

하늘의 이치는 낮에는 활동하고 밤이면 휴식을 취하는 것이다.
천지간 사방팔방의 안에 제왕과 장로(長老)가 있는 곳은 동쪽에서 서쪽 끝까지가 2만 8천리이며 남쪽에서 북쪽끝까지는 2만 6천리가 되는 것이다. 그러므로 하늘은 왼쪽에서부터 넓혀져 견우성(牽牛星)에서부터 시작되고 땅은 오른쪽에서 열리어 필성(畢星)과 묘성(昴星)에서부터 시작되는 것이다.

사방팔방의 끝은 바둑판과 같은 것이다.

〔낮에는 움직이고 밤에는 쉬는 것이 하늘의 도이다.
팔방(八方)의 안에 군주와 장로가 있는 자는 동쪽과 서쪽으로 2만 8천리이고, 남쪽과 북쪽으로는 2만 6천리이다. 그러므로 하늘은 왼쪽으로부터 펼쳐져 견우(牽牛)에서 시작되고 땅은 오른쪽으로부터 열려 필(畢)과 묘(昴)에서 시작한다.
팔방이 판이 된다.〕

晝動而夜息 天之道也

八極¹⁾之內有君長者 東西二萬八千里 南北二萬六千里 故曰 天左舒而起牽牛²⁾ 地右闢而起畢昴³⁾

八極爲局⁴⁾

1) 八極(팔극) : 팔방의 제일 끄트머리. 각 방면의 꼭지점.
2) 牽牛(견우) : 은하수의 동쪽가에 있는 별 이름. 28수(二十八宿)의 하나 이며 견우성이다.
3) 畢昴(필묘) : 필성과 묘성. 28수의 별 이름. 필성과 묘성은 다 서방에 해 당하는 별.
4) 局(국) : 판(版)과 같다.

4. 옥홍(玉紅)의 열매를 먹으면 3백년 동안 취한다

강물이 직각으로 꺾어져 흐르는 곳에는 옥(玉)이 나고 둥그렇게 둘려져 흐르는 곳에는 구슬이 나며 청수(淸水) 땅에는 황금(黃金)이 나고 용연(龍淵)이라는 못에서는 옥영(玉英)이 난다.

삭방(朔方 : 北方)의 찬 얼음은 두께가 6자나 되고 삭방에 사는 나무의 껍질 두께는 3치나 되며 북극의 왼쪽과 오른쪽에는 '녹지 않는 얼음'이 무수히 있다.

찬 기운이 얼음으로 엉키면 땅이 벌어진다.

형주(荊州)땅은 동쪽과 서쪽도 있으나 남쪽을 말한 것이며 그 남쪽은 많다는 것을 뜻한다.

부암(傅巖)이라는 곳은 북해의 물가에 있다.

적현(赤縣)고을은 실상은 곤륜(崑崙)의 터이다. 그 적현의 동쪽에는 노수(潞水)와 도산(島山)이 있고 좌우에는 봉래가 있으며 옥홍(玉紅)의 풀이 자란다. 옥홍에 열린 과일을 하나만 먹어도 취하여 3백년 동안 잠을 잔 후에야 깨어날 수 있다.

〔무릇 물은 그 직각으로 꺾이는 곳에는 옥(玉)이 있고 그 둥그렇게 꺾이는 곳에는 구슬이 있고 청수(淸水)에는 황금이 있고 용연(龍淵)에는 옥영(玉英)이 있다.

삭방(朔方)의 찬 얼음은 두께가 6자나 되고 나무의 껍질은 세 치나 되며 북극(北極)의 좌우에는 녹지 않는 얼음이 있다.

찬곳의 얼음이 얼면 땅이 벌어진다.

형주(荊州)라는 곳은 동쪽과 서쪽이 없지 아니하며 남쪽을 이름이다. 그 남쪽이란 것은 많다는 것이다.

부암(傅巖)은 북해의 바닷가에 있다.

적현(赤縣)고을이라는 것은 실지로 곤륜(崑崙)의 터이니 그 동쪽에는 노수(瀘水)와 도산(島山)이 있고 왼쪽과 오른쪽에는 봉래(蓬萊)가 있으며 옥홍(玉紅)의 풀이 자라는데 그 한 개의 열매를 먹으면 취하여서 3백세를 누워 잔 후에야 깨어난다.〕

凡水 其方折者有玉 其圓折者有珠 淸水[1]有黃金 龍淵[2]有 玉英
朔方[3]之寒氷 厚六尺 木皮三寸 北極左右有不釋之氷
寒凝氷裂地
荊[4]者 非無東西也 而謂之南 其南者多也
傅巖[5]在北海之洲
赤縣[6]州者 實爲崑崙之墟 其東則瀘水[7] 島山[8] 左右蓬萊[9]
玉紅[10]之草生焉 食其一實而醉 臥三百歲而後寤

1) 淸水(청수) : 땅 이름이며 청수에서 황금이 난다고 했다.

2) 龍淵(용연) : 용이 사는 못 이름. 용연에서 옥영(玉英)이 난다고 했다.
3) 朔方(삭방) : 북쪽. 북방.
4) 荊(형) : 구주의 하나인 형주(荊州)를 뜻하는 것 같다.
5) 傅巖(부암) : 일명 부씨암(傅氏巖)이라고 한다. 은(殷)나라의 어진 신하인 부열(傅說)이 숨어 살았다는 곳으로 산서성(山西省) 평륙현(平陸縣)에 있는 바위 구멍.
6) 赤縣(적현) : 신인(神人)이 살고 있는 도원경으로 중국의 이칭(異稱).
7) 滷水(노수) : 소금기가 많이 있는 물. 염수(鹽水).
8) 島山(도산) : 섬으로 된 산.
9) 蓬萊(봉래) : 발해(渤海)에 있는 신선이 산다는 산의 이름.
10) 玉紅(옥홍) : 풀 이름. 이 풀에 열린 열매를 먹으면 취하여 300년을 자고 깨어난다고 했다.

5. 불을 만든 수인씨(燧人氏)

중국의 5대 산의 하나인 태산(泰山) 가운데에는 신령의 방인 아각(阿閣)에 제왕록(帝王錄)이 있다.

부싯돌로 불을 일으킨 수인씨(燧人氏)는 위로는 하늘의 별들을 관찰하여 천기를 보고 아래 땅으로는 오목(五木)을 살펴서 불을 만들었다.

수인씨의 세상에서는 천하에 물이 많이 있었으므로 백성들에게 고기잡는 법을 가르쳐서 어업에 종사하도록 하였다.

복희씨의 세상에서는 온 천하가 짐승들의 천지였으므로 백성들에게 사냥하는 법을 가르쳐서 사냥을 하여 생업을 잇도록 하였다. 복희씨가 처음으로 『주역』의 팔괘(八卦)를 만들었으며 팔절(八節)을 구분하여 놓았다.

신농씨가 천하를 다스릴 때에는 비를 오게 하면 비가 내렸고 5일마다 오게 하면 5일마다 내리고 열흘은 곡우(穀雨)로 삼고 15일은 시우(時雨)로 삼아 네 계절의 제도를 만들었다. 이에 모든 만물이 다 혜택을 보아 잘 자랐기 때문에 '신령'이라고 말하였다.

신농씨는 지아비는 등에 짐을 지고 지어미는 머리에 짐을 이고 다닐 만큼 백성들이 풍요롭게 하여 천하를 다스렸다.

요임금이 말하기를 "나를 신농(神農)임금에 비유한다면 아침과 저녁의 차이와 같다."고 하였다.

신농씨가 70세에 천하를 다스리게 되었는데 어찌 매해마다 지혜롭게만 다스렸겠는가. 백성을 기르기가 쉬웠기 때문이다.

〔태산(泰山)의 가운데 신령이 있는 방인 아각(阿閣)에 제왕록(帝王錄)이 있다.

수인(燧人)씨는 위로는 별들을 관찰하고 아래로는 오목(五木)을 살펴 불을 만들었다.

수인씨의 세상에는 온 천지에 물이 많은고로 백성을 가르쳐서 고기잡이를 하였다.

복희씨(虙犧氏)의 세상에는 온 천지에 짐승이 많았으므로 백성을 가르쳐서 사냥을 시켰다. 복희씨가 처음으로 팔괘(八卦)를 그렸고 팔절(八節)을 배열하여 온 천하를 변화시켰다.

신농씨(神農氏)가 천하를 다스릴 때는 비를 오게 하면 비가 내렸고 5일마다 비를 내리게 하고 열흘은 곡우(穀雨)가 되고 15일은 시우(時雨)가 되었다. 네 계절의 제약에 모든 만물이 다 이로운 것으로 신(神)이라고 하였다.

신농씨는 남편은 등에 지고 부인은 머리에 이고 다니게 하여 천하를 다스렸다. 요임금이 말하기를 "짐이 신농씨에 비하면 아침과 저녁의 차이가 있는 것과 같다."고 하였다.
　신농씨가 70에 천하를 차지하였는데, 어찌 매해마다 현명으로써 였겠는가. 백성을 기르기가 쉬웠다.]

　泰山[1]之中有神房阿閣[2]帝王錄[3]
　燧人[4]上觀辰星下察五木以爲火
　燧人之世 天下多水 故敎民以漁
　虙犧[5]氏之世 天下多獸 故敎民以獵 伏羲始畫八卦列八節[6]而化天下
　神農[7]氏治天下 欲雨則雨 五日爲行雨 旬爲穀雨 旬五日爲時雨 正四時之制 萬物咸利 故謂之神
　神農氏夫負妻戴以治天下 堯曰 朕之比神農 猶旦與昏也
　神農氏七十世有天下 豈每世賢哉 牧民易也

1) 泰山(태산) : 오악(五嶽)의 하나. 중국의 산동성(山東省) 봉안현(奉安縣)에 있는 명산.
2) 神房阿閣(신방아각) : 신령이 있는 아각(阿閣)이라는 뜻.
3) 帝王錄(제왕록) : 제왕에 관한 일들이 기록되어 있는 책.
4) 燧人(수인) : 부싯돌로 불을 일으켜 백성에게 화식(火食)을 기르친 제왕. 태고시대의 제왕으로 수인씨라고 한다.
5) 虙犧(복희) : 태호(太皥) 복희씨(伏羲氏). 중국의 상고시대 삼황(三皇)의 한 사람으로 백성에게 수렵과 목축을 가르쳤으며 처음으로 팔괘를 만들었다고 했다. 복(虙)은 복(宓), 복(伏)과 통한다.
6) 八節(팔절) : 1년 중에서 기후가 변하는 여덟 절기. 곧 춘분, 추분, 하지,

136 시자(尸子)

동지, 입춘, 입하, 입추, 입동의 여덟 절후.
7) 神農(신농) : 중국의 상고시대 제왕으로 백성에게 농경을 가르치고 시장을 개설하여 물물교환의 거래를 열었다고 함. 농업과 의약의 신(神)으로 추앙된다. 염제(炎帝).

6. 황제는 네 쪽이 모두 얼굴이었습니까?

자공(子貢)이 스승인 공자에게 물었다.

"옛날 황제라는 임금은 얼굴이 네 쪽에 달려 있다고 했는데 그 말은 믿을 만한 것입니까?"

공자가 이 물음에 대답하였다.

"황제께서는 자신과 같이 덕이 있는 사람 네 명을 골라서 그들로 하여금 천하를 다스리게 하였다. 그들은 별로 머리를 쓰지 않아도 백성들이 친하게 다가왔으며 모든 일을 기약하지 않아도 서로가 도와 일이 이루어져 크게 성공을 거두었다. 이것을 사람들이 잘못 알고 사방 네 쪽이 얼굴이었다고 하는 것이다."

황제는 싸우기를 좋아하는 치우(蚩尤)라는 제후를 중기(中冀) 땅에서 처형하였다.

동이(東夷)족과 서융(西戎)족과 남만(南蠻)족과 북적(北狄)족들 중에는 '가슴이 뚫린 자'나 '눈이 움푹 들어간 자'나 '긴 팔뚝을 가진 자'들이 있었는데 다 황제의 덕치(德治)를 일찍부터 입고 있었다.

〔자공이 공자에게 묻기를 "옛날에 황제(黃帝)는 사면이 모두 얼굴이었다고 하는데 믿을 수 있습니까?" 하니, 공자가 대답하기를

"황제는 자신과 같은 자 네 사람을 취하여 사방을 다스리게 하였다. 그들은 꾀하지 않아도 친하여지고 기약하지 않아도 이루어져서 크게 성공이 있었는데 이것을 네 쪽의 얼굴이라고 한다." 하였다.

황제가 치우(蚩尤)를 중기(中冀)땅에서 참수하였다.

네 곳의 오랑캐 백성이 있는데 '가슴이 뚫어진 자'가 있고 '눈이 깊이 패인 자'가 있고 '긴 팔뚝을 가진 자'가 있어 모두 황제의 덕이 일찍이 이르렀다.]

子貢[1]問孔子曰 古者 黃帝四面[2] 信乎 孔子曰 黃帝取合己者 四人 使治四方 不謀而親 不約而成 大有成功 此之謂四面也
　黃帝斬蚩尤[3]於中冀
　四夷[4]之民 有貫匈[5]者 有深目[6]者 有長肱[7]者 黃帝之德 嘗致之

1) 子貢(자공) : 공자의 제자이며 위(衛)나라 사람. 성은 단목(端木), 이름은 사(賜), 자공은 그의 자(字). 언변이 좋고 재물을 불리는 재주가 있어 수천금을 모았다고 하였다.

2) 四面(사면) : 네 곳이 모두 얼굴이다의 뜻.

3) 蚩尤(치우) : 황제시대 제후의 이름. 전쟁을 좋아하여 자주 정벌을 일삼았으므로 황제가 그를 주벌하였다고 전한다.

4) 四夷(사이) : 사방의 오랑캐. 동쪽의 동이족(東夷族). 서쪽의 서융족(西戎族). 남쪽의 남만족(南蠻族). 북쪽의 북적족(北狄族)들을 일컫는다.

5) 貫匈(관흉) : 가슴에 구멍이 뻥 뚫려 있는 것.『산해경』해외남경(海外南經)에 보인다.

6) 深目(심목) : 눈이 많이 움푹 들어간 것.『산해경』해외북경(海外北經)에 보인다.

7) 長肱(장굉) : 팔뚝이 유난히 긴 것.『산해경』해외서경(海外西經)에 보인다.

7. 비방하는 나무를 세웠다

상고시대의 요(堯)임금은 좋은 일을 하면 깃발을 주어 꽂게 함으로써 선한 것을 장려하였다.

나무를 다리 위에 세워놓고 정치의 잘잘못을 지적하게 하여 그것을 참고하는 제도를 두었다.

요임금은 남쪽으로는 교지(交阯)땅까지 잘 다스리고 북쪽으로는 유도(幽都)까지 포용하였고 동쪽과 서쪽으로는 해와 달이 뜨고 지는 곳에까지 이르러 여유로운 날이 있으면 다스림이 미치지 못하는 곳이 있는가 보았는데 이것은 '어진 것' 이었다.

세상 사람들이 말하기를 천하의 군주된 자는 훌륭한 궁전이 아홉 채나 있다고 하는데 요임금의 궁전은 초가집이었고, 천하의 군주된 자의 옷은 화려한 수가 놓인 아홉 종류의 예복이라는데 요임금의 옷은 올이 굵은 베옷이었다. 천하의 군주는 궁중 속의 삼시(三市)라는데 요임금의 궁궐은 일정한 거처가 없었고, 천하의 군주된 자는 산해진미가 수백가지라는데 요임금의 식사는 현미밥에 나물국이었으며, 천하의 군주된 자는 기린과 청룡같은 좋은 말을 부린다는데 요임금의 수레는 장식이 없는 소박한 수레였으며 검은 망아지가 끌었다.

〔요임금은 선의 깃발을 꽂았다.

요임금은 비방의 나무를 세웠다.

요임금은 남쪽으로는 교지(交阯)를 어루만지고 북쪽으로 유도(幽都)를 끌어안고 동쪽과 서쪽으로는 해와 달이 나오고 들어가는 곳에까지 이르러 남은 날이 있으면 다스림이 부족한가 했으니 이것은 '서(恕)'이다.

사람들이 말하기를 천하에 임금을 하는 사람은 요대가 구루(九累)라고 하는데 요임금은 흰띠풀집이요, 보의(黼衣)가 아홉 종인데 요임금은 거친 베옷이요, 궁중은 삼시(三市)인데 요임금은 거처가 일정하지 않았으며, 진귀한 반찬이 백가지인데 요임금은 현미밥에 채소국이었으며, 기린과 청룡을 타는데 요임금은 흰수레에 검은말을 탔다.]

堯有建善之旌[1]
堯立誹謗之木[2]
堯南撫交阯[3] 北懷幽都[4] 東西至日月之所出入 有餘日而不足於治者 恕[5]也
人之言君天下者 瑤臺九累[6] 而堯白屋[7] 黼衣[8]九種 而堯大布[9] 宮中三市 而堯鶉居[10] 珍羞百種 而堯糲飯[11]菜粥 騏驎青龍[12] 而堯素車玄駒[13]

1) 建善之旌(건선지정) : 요임금은 좋은 일을 한 사람의 집 앞에는 깃대를 꽂아서 칭찬하여 주었다.
2) 誹謗之木(비방지목) : 요임금이 나무를 다리 위에 세워 놓고 백성에게 정치의 잘잘못을 적도록 하여 반성하였다고 한다.
3) 交阯(교지) : 가장 먼 남쪽에 있는 땅. 지금의 월남 북부지방의 땅.
4) 幽都(유도) : 죽음의 땅. 곧 북극의 어두운 땅.
5) 恕(서) : 남의 마음을 잘 헤아려 동정하는 것. 곧 어진 마음. 자신이 하고자 하는 일은 남도 하고자 하고 자신이 싫어하는 일은 남도 싫어한다는 것을 헤아릴 줄 아는 마음.
6) 瑤臺九累(요대구루) : 훌륭한 궁전이 아홉 채나 있다는 것.

7) 白屋(백옥) : 검소한 집. 띠풀로 지붕을 덮은 집.
8) 黼衣(보의) : 임금이 입는 예복으로 반흑 반백색의 빛에 자루가 없는 도끼의 모양을 수놓은 것.
9) 大布(대포) : 거친 베옷.
10) 鶉居(순거) : 일정한 거처가 없이 자주 옮겨 사는 것.
11) 糲飯(여반) : 현미밥.
12) 騏驎靑龍(기린청룡) : 천자가 타는 좋은 말의 명칭.
13) 素車玄駒(소거현구) : 소거는 꾸미지 않은 수레. 현구는 검은색의 망아지.

8. 순임금은 죽음으로 가는 네 가지를 제거하였다

상고시대의 순(舜)임금이 나라를 다스릴 때에는 천하의 백성을 더불어 사랑하였으며 천하의 모든 백성과 함께 이로움에 힘쓸 때에는 그 역산(歷山)에서 사냥을 즐겼다.

또 백성들과 함께 쟁기와 보습을 지고 저 남쪽 밭이랑을 갈았으며 온 천하의 백성들과 그 이로움을 함께 할 때에는 뇌택(雷澤)이란 곳에서 고기잡이를 하였다.

날이 가물면 밭농사를 짓는 사람들을 위해 우물을 파게 하여 밭농사를 잘 짓도록 도와주고, 흉년이 들면 사냥하는 자를 위해 호랑이 가죽의 옷을 입었다.

이러한 백성을 위한 다스림의 광채가 해와 달처럼 빛나고 천하의 모든 백성이 흠모하여 귀의해 오는 것이 자식이 부모를 뵈러 집으로 돌아오는 것과 같았다.

순임금이 부모를 섬기고 노인들을 봉양하는 것은 온 천하의 법도가 되었다. 그 유력할 때에는 여섯 사람을 얻었다. 그 여섯 사람은 낙도(雒陶)와 방회(方回)와 속아(續牙)와 백양(伯陽)과 동부식(東不識), 진불공(秦不空)이었는데 그들은 하나같이 한 나라의 뛰어난 사람들이었다.

순임금이 한번 거처를 옮기니 그곳에 하나의 고을이 이루어졌다. 두번째 옮기니 하나의 거대한 도시가 이루어졌다. 세번째 옮겼을 때에는 하나의 나라가 이루어졌으며 그 사방의 어진 선비들이 모두 모여 들었다.

요임금이 이러한 사실들을 듣고 재야(在野)에 있는 순임금을 불러서 순임금과 더불어 예절을 이야기하였는데 아주 즐거웠고 예를 거스리는 것이 없었으며, 순임금과 더불어 정사를 논하였는데 지극히 간략하고 아주 간단하여 행하기도 아주 쉬운 것들이었으며, 순임금과 더불어 도(道)를 논하였는데 광대무변하고 끝이 없어서 막힘이 없었다.

이와 같은 어진 순임금을 얻은 요임금은 자신의 큰딸 황(煌)을 아내로 주고 둘째딸 아(娥)를 둘째부인으로 주었으며 자신의 아홉 아들로 하여금 순임금을 섬기게 하여 천하를 순임금에게 물려주었다.

순임금은 천하를 받았는데도 얼굴색 하나 변하지 않았으며 요임금도 천하를 순임금에게 주면서 얼굴빛 하나 변하지 않았다. 이것은 천하라는 것이 개인에게 큰 이익이나 큰 손해를 끼치는 일이 없다는 것을 빨리 깨달았기 때문이다.

요임금이 잘 다스려 밝은 정사를 펴는데 힘쓰라고 순임금을 가르쳐서 말하기를 "천하의 일 가운데 하기 어려운 것은 피하고 천하의 일 가운데 하기 쉬운 것만 따라 하면 천하를 취할 수 없고, 천하에서 하기 쉬운 것을 피하고 천하에서 하기 어려운 것은 따라 한다면 천하를 잃어버리는 일은 없을 것이다." 하였다.
 순임금이 이르기를 "도를 따르면 반드시 길할 것이요, 도에 어긋나는 행동을 할 때에는 반드시 흉하게 되는 것이다. 이것은 물체가 있으면 그림자가 있는 것과 같고 소리가 있으면 울림이 있는 것과 같다."고 했다.
 순임금이 세 사람의 제후를 새로이 임명하였으며 사람이 죽음에 이르는 네 가지 고통을 제거하였다.
 무엇을 네 가지 죽음에 이르는 고통이라고 하는 것인가?
 굶주리고 목이 타는 것, 춥고 희망이 없는 것, 노역이 많아 괴로운 것, 전쟁이 많아 무서운 것을 말한다.

 〔순임금이 백성을 아울러 사랑하고 천하가 이로움에 힘쓸 때에는 그 역산(歷山)에서 사냥하였다. 저 쟁기를 메고 저 남쪽 이랑에서 밭갈고 사해(四海)로 더불어 그 이로움을 함께 할 때에는 뇌택에서 고기잡이하였다. 가뭄이 심하면 밭 가는 자를 위해 우물을 파게 하고 흉년이 들면 사냥하는 자를 위해 호랑이 가죽을 입었다. 그러므로 그 빛나는 것이 해와 달과 같고 천하가 돌아오는 것이 부모에게 가는 것과 같이 하였다.
 순임금이 어버이를 섬기고 노인을 봉양하는 것은 천하를 위한 법이었다. 그 노니는 데에 여섯 사람을 얻었다. 낙도(雒陶), 방회(方回), 속아(續牙), 백양(伯陽), 동부식(東不識) 진불공(秦不空)인데 다 한 나라의 어진 자들이었다.
 순임금이 한 번 이사하였는데 읍(邑)을 이루었고 두 번 이사하니 도읍을 이루었고 세 번 이사했을 때에는 나라를 이루었다. 그 사방(四方)의 선비들이 이르렀다. 요임금이 그 어진 것을 듣고 초모(草

茅)의 가운데서 불러 더불어 예를 이야기하니 즐겁고 거슬리지 않았고, 더불어 정사를 이야기하니 지극히 간략하고 행동하기가 쉬웠으며, 더불어 도를 말하니 광대하여 다함이 없었다. 이에 황(媓)을 아내로 주고 아(娥)를 잉첩(媵妾)으로 주고 아홉 아들들로 섬기게 하고 천하를 맡겼다.

　순임금은 천하를 맡고 안색이 변하지 않았으며 요임금은 천하로써 순임금을 줄 때 안색이 변하지 않았다. 천하가 자신에게 아무런 손해나 이익을 주지 않는다는 것을 알았기 때문이다.

　다스리고 밝히는데 힘쓸 것으로 순임금을 가르쳐 말하기를 "천하를 거스르는 것을 피하고 천하에 순종하는 것만 따르면 천하를 취하기가 어렵다. 천하에 순종하는 것을 피하고 천하를 거스르는 것을 따르면 천하를 잃지 않을 것이다." 하였다.

　순임금이 이르기를 "도를 따르면 반드시 길하고 도에 반대되면 반드시 흉하는 것이 그림자와 같고 산울림과 같다."고 하였다.

　순임금이 삼후(三后)를 기용하고 네 가지 죽음을 제거하였다. 무엇을 네 가지 죽음이라고 하는가? 그것은 배고프고 목마르며, 춥고 캄캄하며, 애를 쓰고 일만 하며, 다투고 전쟁하는 것이다.]

舜兼愛[1]百姓　務利天下　其田歷山[2]也　荷彼耒耜　耕彼南畝　與四海俱有其利　其漁雷澤也　旱則爲耕者鑿瀆　儉[3]則爲獵者表虎　故有光若日月　天下歸之若父母
　舜事親養老　爲天下法　其遊也　得六人　曰 雒陶　方回　續牙　伯陽　東不識　秦不空[4] 皆一國之賢者也
　舜一徙成邑　再徙成都　三徙成國　其致四方之士　堯聞其賢　徵之草茅[5]之中　與之語禮　樂而不逆　與之語政　至簡而易行　與之語

道廣大而不窮 於是妻之以媓⁶⁾ 滕之以娥⁷⁾ 九子事之 而託天下焉

舜受天下 顏色不變 堯以天下與舜顏色不變 知天下無能損益於己也

務成昭之敎舜曰 避天下之逆 從天下之順 天下不足取也 避天下之順 從天下之逆 天下不足失也

舜云 從道必吉 反道必凶 如影如響

舜擧三后⁸⁾ 而四死除 何爲四死 飢渴寒晦 勤勞 鬪爭

1) 兼愛(겸애) : 더불어 사랑하다.
2) 田歷山(전역산) : 역산에서 사냥하다.
3) 儉(검) : 흉년이 들다.
4) 雛陶方回續牙伯陽東不識秦不空(낙도 방회 속아 백양 동부식 진불공) : 여섯 사람의 이름. 기록이 전하지 않는다.
5) 草茅(초모) : 재야(在野)를 뜻한다.
6) 媓(황) : 요임금의 딸 이름.
7) 娥(아) : 요임금의 딸 이름.
8) 三后(삼후) : 세 사람의 제후. 우(禹) 직(稷) 설(契)이라고도 한다. 누구인지 기록이 확실하지 않다.

9. 이것을 우보(禹步)라고 한다

상고시대에 황하의 상류인 용문이 열리지 않고 여량(呂梁)이 뚫리지 않았을 때에는 황하가 맹문(孟門)의 위에서 용출하여 크게 넘치고 거꾸로 흘러 조그마한 언덕이나 높은 언덕을 가리지 않고 삼켰는데 이러한 때의 물난리를 홍수(洪水)라고 하였다.

이때 우임금은 황하를 개척하고 장강을 끊어서 연결하는 것을 계속하였다. 그 기간이 10년이나 되었는데 그 10년 동안 자기 집에 들어가지 못하였다. 손에는 손톱이 자랄 틈이 없었고 정강이에는 털이 자랄 틈이 없이 열심히 일하여 한 쪽만 마르는 편고의 병이 나서 걸음을 걸을 때 정상적으로 발이 엇갈리지 못하여 세상 사람들이 이것을 우보(禹步)라고 일컬었다.

산을 갈 때에는 커다란 나막신을 신고 다니고 진창에 다닐 때에는 띠로 엮은 신을 신고 다녔다.

〔옛날에 용문(龍門)이 열리지 않았을 때에는 여량(呂梁)도 뚫리지 않았고 황하는 맹문(孟門)의 위에서 나오고 크게 범람하고 거꾸로 흘러 구릉이나 높은 언덕을 다 없앴다는데 이것을 홍수(洪水)라고 했다. 우(禹)임금이 황하를 넓히고 장강을 파헤쳐서 10년 동안 그 집에 들어가지 아니하였는데 손에는 손톱이 자라지 않았고 정강이에는 털이 자라지 못하고 편고(偏枯)의 병이 발생하고 걸음이 서로 지나치지 못하였는데 사람들이 이것을 우보(禹步)라고 했다.

산을 갈 때는 나막신을 신고 진창을 갈 때는 띠풀을 묶어 신었다.〕

古者龍門[1]未闢 呂梁[2]未鑿 河出於孟門[3]之上 大溢逆流 無有邱陵高阜滅之 名曰洪水 禹於是疏河決江 十年不窺其家 手不爪 脛不生毛 生偏枯[4]之病 步不相過 人曰禹步[5]

山行乘樏[6] 泥行乘毳[7]

1) 龍門(용문) : 황하의 상류에 있는 땅 이름.
2) 呂梁(여량) : 황하로 흐르는 중간 위치에 있는 땅 이름.
3) 孟門(맹문) : 땅 이름.
4) 偏枯(편고) : 한쪽만 마르는 풍토병.

5) 禹步(우보) : 소 걸음걸이.

6) 樏(류) : 밑에 징을 박아 미끄러지지 않게 하는 신. 나막신.

7) 蕝(체) : 띠풀로 엮어서 넓게 퍼지게 하는 것. 진탕에 빠지지 않게 하는 일종의 신.

10. 상례(喪禮)의 법으로 삼았다

상고시대 우임금이 9년 홍수를 다스릴 때 상례(喪禮)를 치르는 법도 만들었다.

지금의 상례에 보면 야위어 힘이 없으면 반드시 의지하는 지팡이가 있다는 것과 슬픔은 3년 동안 하는 것들이 다 우임금시대에 생긴 것이다. 이것은 물난리를 당하면 아무 것도 구제할 수 없기 때문이다.

그러므로 백성이 언덕에서 죽은 사람은 언덕 위에서 장사를 지내주고 연못에서 죽은 사람은 연못에 장사를 지내주었는데 그때 오동나무관의 두께는 세 치로 하였으며 3일상을 치르는 것이 이때부터 유래하였다.

우임금이 천하에 이로운 것을 일으키고 천하에 해로운 것을 제거시켜서 모든 백성이 편안히 농사지을 수 있게 하였다.

우임금의 생김새는 목은 길고 입은 까마귀 부리처럼 생기고 얼굴이 또한 추악하게 생겼다. 그렇지만 천하에서 추종하여 따르는 자가 많고 또 어질게 여기는 자도 많았는데 이것은 학문을 좋아했기 때문이었다.

〔우임금이 물을 다스릴 때 상례의 법을 만들었다. 상법(喪法)에

'몸이 야위면 반드시 지팡이를 짚고 슬픔은 반드시 3년을 한다.'고 했다. 물에 휩쓸려 간 것은 구제할 수가 없다. 그러므로 언덕에서 죽은 자는 언덕에 장사 지내고 연못에서 죽은 자는 연못에 장사를 지내는데 오동나무관을 세 치의 두께로 하고 3일의 장사에 대한 제도를 세웠다.

우임금이 이로움을 일으키고 해악은 제거해 만민의 씨앗이 되다.

우임금은 목이 길고 까마귀 부리와 같아 얼굴 모양이 또한 추악했다. 천하가 따르고 어질게 여긴 것은 학문을 좋아했기 때문이다.]

禹治水 爲喪法[1] 曰 毁必杖 哀必三年 是則水不救也 故使死於陵者葬於陵 死於澤者葬於澤 桐棺三寸 制喪三日

禹興利除害 爲萬民種也

禹長頸烏喙[2] 面貌亦惡矣 天下從而賢之者 好學也

1) 喪法(상법) : 상사시(喪事時)의 예절.
2) 烏喙(오훼) : 까마귀 부리. 까마귀는 욕심이 많은 동물로 사람이 까마귀 부리를 하면 욕심이 많다고 한다.

11. 오랜 가뭄을 구제하였다

상(商)나라의 탕(湯)임금이 신하인 이윤(伊尹)에게 물었다.

"오래 사는 것을 가히 할 수 있는 것입니까?"

이윤이 대답하였다.

"왕(王)께서 하고자 한다면 가히 오래도록 살 수 있는 것이요, 하고자 하지 않으면 가히 오래 살 수 없는 것입니다."

탕(湯)임금의 덕은 하늘과 땅 사이의 새와 짐승에게까지도 그

혜택이 미쳤다.

탕임금이 7년 대한(大旱)을 구제하였다. 이 때에는 꾸미지 않은 수레에 흰말을 타고 베옷을 입었다.

몸에는 흰띠풀옷을 걸치고 자신을 희생물로 삼아 상림(桑林)의 들에서 하늘에 제사를 지냈다. 이 때에는 시를 짓고 거문고를 타며 북을 두드리고 춤을 추는 것들을 모두 금지하였다.

〔탕임금이 이윤(伊尹)에게 물어 가로되 "오래 살 수 있는 것인가?" 하니, 이윤이 말하기를 "왕께서 하고자 하면 가히 오래 살 수 있고 하고자 하지 않으면 할 수 없는 것입니다." 하였다.

탕임금의 덕은 새와 짐승에게까지 미쳤다.

탕임금이 가뭄을 구제하였다. 꾸밈이 없는 수레와 백마를 타고 베옷을 입고 몸에는 흰띠풀옷을 걸치고 자신을 희생물로 삼아 상림(桑林)의 들에서 신에게 빌었는데 이 때에는 시를 짓고 거문고를 타고 북을 치고 춤을 추는 것은 금지하였다.〕

湯問伊尹[1]曰 壽可爲耶 伊尹曰 王欲之則可爲 弗欲則不可爲也
湯之德及鳥獸矣
湯之救旱也 乘素車白馬 著布茇[2] 身嬰[3]白茅 以身爲牲[4] 禱於桑林[5]之野 當此時也 絃歌[6]鼓舞者禁之

1) 伊尹(이윤) : 탕임금의 신하이며 어진 재상.
2) 布茇(포대) : 대(茇)는 의(衣)와 같다고 했다.
3) 嬰(영) : 몸에 두르는 것.
4) 牲(생) : 희생의 제물로 쓰는 것.
5) 桑林(상림) : 은(殷)나라의 국악(國樂)이 있던 곳.

6) 絃歌(현가) : 시를 짓고 거문고를 타다. 풍류를 즐기는 것.

12. 목성이 북방에 있으므로 정벌하지 말라

주(周)나라의 무왕(武王)이 은(殷)나라의 주왕(紂王)을 정벌할 즈음에 신하인 어신(魚辛)이 간하여 말하기를
"목성(木星)이 북방(北方)에 있으므로 북쪽을 정벌하여서는 안됩니다."
하였다. 이에 무왕은 듣지 않고 정벌하였다.
무왕이 친히 은(殷)나라의 간신인 악래(惡來)의 입에 활을 직접대고 쏘았으며 은(殷)나라 주(紂)왕의 목을 몸소 잘라 손이 피로 더럽혀졌는데도 손을 씻지도 않고 식사를 하였다.
이 때에 있어서는 오직 사나운 짐승과 다를 바가 없었다.
무왕이 전쟁에 승리한 이후에는 갑옷이나 투구, 방패 등을 다 버리고 저장해 두지 않았으며 칼과 큰칼과 창과 갈래창과 화살을 다시는 전쟁을 위해 갈지 않았으며 전쟁 때 타던 소와 말을 역산(歷山)에 방목시켜 자신이 죽을 때까지 다시는 타지 않았다.
옛날에 무왕이 죽었을 때 무왕의 아들 성왕(成王)이 너무 어려 무왕의 동생인 주공단(周公旦)이 동궁(東宮 : 태자)을 따라 계단을 밟고 올라서 명당(明堂)에서 선조에게 제사를 받들고 천자로서 7년 동안 섭정(攝政)하였다.

〔무왕(武王)이 주(紂)를 토벌할 때 어신(魚辛)이 간하여 이르기를 "목성이 북방에 있으므로 북쪽으로 정벌하지 못합니다." 하였는데 무왕이 따르지 않았다.

150　시자(尸子)

　무왕이 친히 악래(惡來)의 입을 활로 쏘았으며 친히 은(殷)나라 주(紂)의 목을 쳤는데 손은 피로 더럽혀지고 씻지 않고 먹었다. 이 때에는 사나운 짐승과 같았다.
　무왕이 싸운 후에 삼혁(三革)을 쌓아놓지 않고 오인(五刃)을 연마하지 않았으며 소와 말을 역산(歷山)에 방치하여 몸이 마칠 때까지 타지 않았다.
　옛날에 무왕이 붕어하고 성왕(成王)이 젊었을 때 주공단(周公旦)이 동궁(東宮)에 올라가 돌을 밟고 올라 명당(明堂)에 제사를 모시고 잠시 천자 7년을 하였다.]

　武王伐紂　魚辛[1]諫曰　歲[2]在北方不北征　武王不從
　武王親射惡來[3]之口　親斫殷紂之頸　手汙於血　不溫[4]而食　當此之時　猶猛獸者也
　武王已戰之後　三革[5]不累　五刃[6]不砥　牛馬放之歷山　終身弗乘也
　昔者武王崩　成王少　周公旦[7]踐東宮[8]　履乘石　祀明堂[9]　假[10]爲天子七年

1) 魚辛(어신) : 무왕의 신하. 자세한 기록이 없다.
2) 歲(세) : 목성(木星)의 별칭(別稱).
3) 惡來(악래) : 은(殷)나라의 간신배.
4) 不溫(불온) : 불관(不盥)의 잘못이라고 했다.
5) 三革(삼혁) : 갑옷 투구 방패의 세 가지.
6) 五刃(오인) : 도(刀 : 칼) 검(劍 : 큰칼) 모(矛 : 창) 극(戟 : 갈라진 창) 시(矢 : 화살)의 다섯 가지.
7) 周公旦(주공단) : 무왕(武王)의 동생. 단(旦)은 이름. 주왕조(周王朝)의 기틀을 다졌다.

8) 東宮(동궁) : 태자가 거처하는 곳. 태자를 뜻하는 말이기도 하다.
9) 明堂(명당) : 천자(天子)가 제후(諸侯)들을 조회에서 접견하는 궁전. 천자가 정사를 맡아 보는 궁전.
10) 假(가) : 빌리다. 섭정(攝政)하다.

13. 뭇사람들은 하지 못하는 것이다

옛날 주(周)나라의 주공(周公)이 나라의 정사를 잘못했다고 하는 말이 떠돌았다.

공자가 그 말을 듣고 그렇지 않음을 말하였다.

"주공은 성인(聖人)이지 않은가? 천하도 사양했는데 일반 사람들은 그렇게 하지 못하는 것이다. 그렇기에 주공은 성인이다."

[옛날에 주공(周公)이 정사를 그르쳤다고 하는데 공자가 잘못됐다고 하며 말하기를 "주공은 성인(聖人)이 아닌가? 천하로써 사양했는데 조인들은 하지 못하는 것이다." 하였다.]

昔周公反政¹⁾ 孔子非之曰 周公其不聖乎 以天下讓 不爲兆人²⁾也

1) 反政(반정) : 정치를 잘못하였다의 뜻.
2) 兆人(조인) : 뭇백성들. 일반 사람들.

14. 모장(毛嬙)과 서시(西施)의 아름다움

사람들은 아름다운 모장(毛嬙)이나 서시(西施)를 보려고 하는

데 그 보려고 하는 것은 모장이나 서시의 아름다운 얼굴을 보고 싶어 하는 것이다.

대개 상고시대의 황제(黃帝)임금이나 요임금, 순임금, 은(殷)나라의 탕(湯)임금, 주(周)나라 무왕의 아름다운 것이란 그 임금들의 얼굴이 아니다.

많은 사람들이 보고싶어 하는 것은 그 임금들이 한 행동인 것이요, 듣고싶어 하는 것은 그 임금들이 말한 아름다운 말씀들이다.

그 임금들이 말씀한 것이나 행동한 것들은 다 『시경(詩經)』이나 『서경(書經)』 속에 들어 있다.

〔사람들이 모장(毛嬙)이나 서시(西施)를 보고자 하는 것은 그 얼굴이 아름다워서이다. 대저 황제(黃帝)와 요(堯)와 순(舜)과 탕(湯)과 무왕(武王)의 아름다운 것이란 그 얼굴이 아니다. 사람들이 보고자 하는 것은 그 행동이요, 듣고자 하는 것은 그의 말이다. 그 말과 행동은 다 『시경』과 『서경』 속에 들어 있다.〕

人之欲見毛嬙西施[1] 美其面也 夫黃帝[2]堯舜湯武美者 非其面也 人之所欲觀焉 其行也 所欲聞焉 其言也 而言之與行 皆在詩書[3]矣

1) 毛嬙西施(모장서시) : 모장은 상고시대의 미녀. 자세한 기록이 없다. 서시는 춘추시대 오(吳)나라 임금 부차(夫差)의 총희(寵姬)였던 월(越)나라의 미인. 두 사람 다 미인의 대명사이다.
2) 黃帝(황제) : 상고시대 중국의 황제(皇帝). 성은 공손(公孫)이다.
3) 詩書(시서) : 『시경(詩經)』『서경(書經)』의 두 저서로 『역경(易經)』을 더해 삼경(三經)이라 한다.

15. 주(周)나라에서는 명당(明堂)이라고 했다

상고시대에 황제(黃帝)라는 임금의 궁궐 명칭은 합궁(合宮)이라고 하였고, 요(堯)임금 순(舜)임금의 궁궐 명칭은 총장(總章)이라고 하였으며, 은(殷)나라 사람들은 임금이 거처하던 궁궐을 양관(陽館)이라고 하였으며, 주(周)나라 사람들은 왕들이 거처하던 궁궐의 이름을 명당(明堂)이라고 불렀다.

이러한 명칭들은 다 그 선(善)한 것을 좋게 여겨 기쁘게 하기 위한 것이었다.

황제임금의 행실을 합궁(合宮)이라는 궁궐에서 보고자 했으며 요임금이나 순임금의 행실을 총장에서 구경하고자 했던 것이다.

순임금은 자신은 남묘(南畝)에 있고 자신의 아내는 상전(桑田)땅에 두었다.

신농(神農)임금은 백성과 함께 밭을 갈며 백성의 왕노릇을 하였는데 이것은 농민들에게 밭 가는 법을 권장한 것이었다.

요임금은 얼굴이 늘 수척하였고 순임금은 얼굴이 검었으며 우임금은 정강이에 털이 자라날 틈이 없이 고생스러웠으며 주(周)나라의 문왕(文王)은 해가 저물어도 밥을 제대로 먹을 여가가 없었다.

그러한 수고를 하였기에 부유한 것으로 논하면 천하가 자기의 것이었으며 귀한 것으로 치면 천자(天子)가 된 사람들이다.

〔황제(黃帝)는 합궁(合宮)이라고 일컬었고 유우씨(有虞氏)는 총장(總章)이라고 하였으며 은(殷)나라 사람들은 양관(陽館)이라고

일컫고 주(周)나라 사람들은 명당(明堂)이라고 일컬었는데 이것은 다 선(善)을 좋게 여긴 명칭이었다.

  황제(黃帝)임금의 행동은 합궁(合宮)에서 보고자 하고 요임금과 순임금의 행동은 총장(總章)에서 보고자 했다.

  유우씨(有虞氏)는 몸이 남묘(南畝)에 있고 아내는 상전(桑田)에 있었으며 신농(神農)임금은 함께 밭을 갈면서 왕노릇하였으므로 밭 가는 것을 권장한 것이다.

  요임금은 수척하였고 순임금은 검었으며 우임금은 정강이에 털이 자랄 날이 없었으며 문왕(文王)은 해가 저물어도 음식을 들 틈이 없었다. 그러므로 부유한 것으로는 천하를 두었으며 귀한 것으로는 천자까지 되었다.]

黃帝曰合宮[1] 有虞氏[2]曰總章[3] 殷人曰陽館[4] 周人曰明堂[5] 此皆所以名休其善也
  欲觀黃帝之行於合宮 觀堯舜之行於總章
  有虞氏身有南畝 妻有桑田 神農[6]竝耕而王 所以勸耕也
  堯瘦 舜墨 禹脛不生毛 文王至日昃不暇飲食 故富有天下 貴爲天子[7]矣

1) 合宮(합궁) : 황제임금의 궁궐 이름.
2) 有虞氏(유우씨) : 원래는 순(舜)임금을 칭하나 여기서는 요임금, 순임금을 뜻함.
3) 總章(총장) : 요임금, 순임금의 궁궐 이름.
4) 陽館(양관) : 은(殷)나라의 궁궐 이름.
5) 明堂(명당) : 주(周)나라의 궁궐 이름.
6) 神農(신농) : 중국의 고대시대 전설적인 제왕이름. 백성에게 농사의 법

을 가르쳤으며 시장을 개설하여 물물교환을 이루게 하였고, 의약을 창시했다는 신(神)이며 『주역』의 괘를 처음 만들었다고도 전해진다.
7) 天子(천자) : 제왕(帝王).

16. 젖이 네 개였다는 주(周)의 문왕(文王)

옛날 중국의 순임금은 눈에 눈동자가 둘이나 있었는데 이로써 '거듭 밝다[重明]'고 하였다.

순임금이 일을 시행하면 법적인 기일안에 반드시 이루어지고 말이 입에서 한번 나오면 문장으로 이루어졌다.

주(周)나라의 문왕(文王)은 유방(乳房)이 네 개나 되었는데 이로써 지극한 인(仁)이라고 말하였다.

대개 요임금과 순임금이 나라를 일으킨 것은 지극한 다스림에 기인한 것이요, 은나라의 탕임금이나 주(周)나라의 무왕(武王)이 나라를 일으킨 것은 지극한 어지러움에서 시작되었다.

그 누가 다스려진 곳에서 성공하였느냐고 묻는다면 요임금과 순임금이 다스려진 곳에서 성공하였다고 할 것이다.

그 누가 어려움에서 성공했는가를 묻는다면 은(殷)나라의 탕임금이나 주(周)나라의 무왕(武王)이 어려움에서 성공하였다고 할 것이다.

사람들은 출세를 하고 녹봉을 받으면서 요임금을 명예롭게 여기고 걸왕(桀王)을 나쁘다고 하며 선비를 공경하고 게으른 사람을 업신여긴다. 공경하는 것은 명예로운 것이고 업신여기는 것은 훼손시킨다는 것을 아는 것이요, 그 자신이 취하는 것은 아니다.

〔옛날의 순임금은 두 개의 눈동자를 가졌으므로 이것을 중명(重明)이라고 말하였다. 일을 행하면 법이 이루어지고 말이 나가면 문장이 이루어졌다.

문왕은 젖이 네 개였으며 이것을 지극한 인(仁)이라고 이른다. 대저 요임금과 순임금이 일어난 것은 '지극한 다스림'에서였다. 탕임금과 무왕(武王)이 일어난 것은 '지극한 어지러움'에서였다.

누가 다스림에서 성공하였느냐고 묻는다면 요임금과 순임금이 다스렸다고 할 것이요, 누가 어려웠냐고 묻는다면 탕왕과 무왕(武王)이 어려웠다고 할 것이다.

사람이 관을 쓰고 복록에 오르는데 요임금을 명예롭게 여기고 걸(桀)을 그르다고 하며 선비를 존경하고 게으른 것을 멸시한다. 공경과 멸시의 명예와 훼손은 아는 까닭이요, 취하는 것이 아니다.〕

昔者 舜兩眸子[1] 是謂重明[2] 作事成法 出言成章
文王四乳[3] 是謂至仁 夫堯舜所起 至治也 湯武所起 至亂也 問其成功孰治 則堯舜治 問其孰難 則湯武難
人戴冠躡履[4] 譽堯非桀 敬士侮慢 故敬侮之譽毀知 非其取也

1) 眸子(모자) : 눈 안의 눈동자.
2) 重明(중명) : 거듭 밝다. 눈동자가 두 개여서 다른 사람보다 더 많이 볼 수 있다는 뜻.
3) 四乳(사유) : 주(周)나라의 문왕(文王)은 유방이 네 개가 있다고 했다. 많이 베풀 수 있다.
4) 戴冠躡履(대관섭리) : 벼슬에 나아가고 녹봉을 받는 직위에 오르는 것.

17. 하(夏)나라 걸왕(桀王) 때에는

옛날에 하(夏)나라의 마지막 임금인 걸(桀)왕이 정치를 할 때에는 지극한 덕이 다 소멸되고 선양되지 않았다. 제왕의 도(道)도 가리워져서 다시 일어나지 않았다.

대대로 내려오던 누대의 위용은 성대하였으나 그것을 가리고 무너뜨렸다.

집을 지키는 개의 무리들이 우물을 들랑거렸으며 들에서 살던 돼지떼들이 풀을 물고 방안으로 들어왔다.

미인(美人)은 하녀의 머리 꾸미개에 얼굴은 검정칠을 하고 화장을 하지 못하였다. 긴소리를 내는 사람은 불이 붙은 숯을 삼키게 하여 벙어리로 만들었다.

내실을 통행하지 못하게 막아버려 부부가 서로 노래를 부르지 못하게 하였다.

훨훨 날으는 새는 잡아서 날개죽지를 잘라 버렸으며 잘 뛰어 다니는 짐승은 굽을 잘라 달리지 못하게 하였다.

산에 높은 줄기가 있으면 깎아 내렸으며 연못에는 맑은 물이 없게 하였다.

걸(桀)왕이 옥으로 궁실을 꾸미고 옥돌로 대(臺)를 만들었으며 사랑채를 상아로 장식하고 평상을 옥으로 만들었다.

잠시동안 천하를 차지하고 왕노릇을 하였는데 백성을 학대하였다. 이에 은(殷)나라의 탕(湯)임금이 군사를 일으켜 3백대의 수레로써 하(夏)나라의 수도인 남소(南巢)를 정벌하여 하나라의 궁궐을 차지하였는데 천하가 다 편안히 안정되었으며 모든 백성이 기뻐하며 모여 들었다.

〔옛날 하(夏)나라 걸(桀)의 때에는 지극한 덕이 멸하고 들추어지지 않았으며 임금의 도(道)가 가리워지고 일어나지 못하였으며 누대의 위용이 진동하였는데도 그것을 가리고 무너뜨렸다. 개떼들이 우물 속으로 들어가고 산돼지들이 풀을 먹고 따뜻한 곳에 자리하였으며 미인(美人)은 종의 머리에 얼굴은 검정으로 하여 꾸미지 못하게 하고 사람이 긴소리를 내면 숯을 삼키게 하였다. 문을 폐쇄하고 노래 부르지 못하게 하였으며 날아가는 새는 날개를 부러뜨리고 달리는 짐승은 발굽을 절단하였으며 산에는 높은 줄기가 없고 연못에는 좋은 물이 없었다.

걸(桀)왕이 옥으로 만든 방과 옥의 궁전을 만들고 상아로 행랑채를 만들고 옥으로 침상을 만들어 천하를 권섭(權攝)하여 백성을 학대하였다. 이에 탕왕(湯王)이 혁거(革車) 3백대로써 남소(南巢) 땅을 정벌하여 하(夏)나라의 궁궐을 거두어 들이니 천하가 다 편안히 안정되고 백성들이 화하여 모여 들었다.〕

昔夏桀之時 至德滅而不揚 帝道掩而不興 容臺[1]振而掩覆[2] 犬群而入泉 麃衛藪而席隩 美人婢首墨面[3]而不容[4] 曼聲吞炭[5] 內閉[6]而不歌 飛鳥鍛翼 走獸決蹄 山無峻幹 澤無佳水[7] 桀爲璇室[8]瑤臺 象廊玉牀 權天下[9] 虐百姓 於是湯以革車[10] 三百乘 伐於南巢[11] 收之夏宮 天下寧定 百姓和輯

1) 容臺(용대) : 대(臺)의 위용이 성대하다. 궁전을 꾸미다. 궁전을 장식하다.
2) 掩覆(엄복) : 엄폐하고 전복시키다.
3) 墨面(묵면) : 얼굴의 예쁜 것을 나타내지 못하게 검정물을 들이다.

4) 不容(불용) : 화장을 못하게 하다.
5) 曼聲呑炭(만성탄탄) : 긴소리를 내는 사람은 숯불을 삼키게 하여 벙어리를 만들다.
6) 內閉(내폐) : 부부간의 정리를 끊다.
7) 無佳水(무가수) : 맑은 물이 없게 하다.
8) 璇室(선실) : 옥으로 방을 꾸미다.
9) 權天下(권천하) : 잠깐동안 천하를 차지하다.
10) 革車(혁거) : 병거(兵車). 군사용 수레.
11) 南巢(남소) : 땅 이름. 걸왕(桀王)의 도읍이었다.

18. 술로 연못을 만들어 배를 띄우다

옛날에 하(夏)나라의 마지막 임금인 걸(桀)왕과 은(殷)나라의 마지막 폭군인 주(紂)왕은 사욕을 누르지 않고 자기 멋대로 방종하여 환락에 빠져서 백성들에게 희귀하고 괴이한 보물이나 먼 곳에서 오는 맛좋은 음식을 가져다 바치게 하는 고통을 안겨 주었다.

먼 지방에서 오는 맛좋은 음식이란 남쪽바다에서 나는 훈채와 북쪽바다에서 나는 소금과 서쪽바다에서 나는 순무와 동쪽바다에서 나는 고래고기였다.

이것들을 가져오게 함으로써 천하에 화근을 더 두텁게 만들었던 것이다.

임금이 타는 육마(六馬)는 술지게미로 만든 산을 오르락 내리락하게 만들었고 술로 만든 연못 위에 배들을 띄워놓고 놀았다.

〔옛날에 걸(桀)과 주(紂)가 방종하여 오래도록 즐길 때 많은 백성을 희귀하고 괴이한 물건이나 먼 곳에서 맛있는 진미를 가져오게 하며 괴롭혔다. 그것들은 반드시 남해의 훈채와 북해의 소금과 서해의 순무와 동해의 고래였는데 이것들은 그 화가 천하에 더 두텁게 만들었다.

육마(六馬)가 술지게미의 산을 오르내렸고 배를 나란히 하여 술의 못에 띄웠다.〕

昔者 桀紂縱欲[1] 長樂 以苦百姓 珍怪遠味[2] 必南海之葷[3] 北海之鹽 西海之菁[4] 東海之鯨 此其禍天下亦厚矣
六馬登糟邱[5] 方舟泛酒池[6]

1) 縱欲(종욕) : 사욕을 억제하지 않고 멋대로 하는 것.
2) 珍怪遠味(진괴원미) : 희귀하고 괴이한 물건과 먼 곳에서 나는 맛좋은 음식물.
3) 葷(훈) : 남해에서 나는 훈채. 양념의 일종.
4) 菁(청) : 서해에서 나는 순무.
5) 糟邱(조구) : 술지게미로 산을 이루다. 곧 방탕한 생활의 표시.
6) 酒池(주지) : 술로 만든 연못. 방탕한 생활의 표시.

19. 백이숙제(伯夷叔齊)는 수양산에서 죽었다

백이(伯夷)와 숙제(叔齊) 형제는 은(殷)나라가 망하자 주(周)나라의 곡식을 먹는 것은 의롭지 않기에 주나라 곡식을 먹지 않겠다고 수양산(首陽山)으로 들어가 고사리를 캐먹으며 숨어 살다가 굶주려 죽었는데 이들은 땅이 없어서였다.

하(夏)나라의 마지막 임금인 걸(桀)왕은 포악무도하여 탕(湯) 임금이 정벌하여 그를 역산(歷山)에 가두어 두었으며 은(殷)나라의 마지막 임금인 주(紂)왕은 무왕(武王)이 정벌하여 호궁(鄗宮)에서 죽였는데 두 임금은 다 무도(無道)하였기 때문이었다.

도(道)가 있으나 살 땅이 없으면 굶주려 죽고 살 땅은 있으나 도가 없으면 망하게 되는 것이다.

〔백이(伯夷)와 숙제(叔齊)는 수양산(首陽山)에서 굶어 죽었는데 땅이 없었기 때문이었다. 걸(桀)은 역산(歷山)에 방치하였으며 주(紂)는 호궁(鄗宮)에서 죽었는데 도(道)가 없었기 때문이었다. 도가 있으되 땅이 없으면 굶주리고 땅이 있고 도가 없으면 망하는 것이다.〕

伯夷叔齊[1]飢死首陽 無地故也 桀放於歷山 紂殺於鄗宮[2] 無道故也 有道無地則餓 有地無道則亡

1) 伯夷叔齊(백이숙제) : 백이는 형, 숙제는 아우. 둘 다 은(殷)나라 고죽국(孤竹國)의 왕자들이었다. 무왕(武王)이 주(紂)를 정벌하려고 하자 제후가 천자를 치는 것은 예가 아니라며 이를 간하였으나 무왕이 말을 듣지 않고 은나라를 정벌하자 백이와 숙제는 주나라의 곡식 먹는 것을 부끄럽게 여겨 수양산으로 도망하여 고사리를 캐먹다가 굶어 죽었다.
2) 鄗宮(호궁) : 주나라의 서울.

20. 이사하면서 아내를 잃어버렸다

춘추시대 노(魯)나라의 애공(哀公)이 공자(孔子)에게 물었다.

"노(魯)나라에 아주 건망증이 심한 사람이 있어 이사할 때 그 집에 있는 아내를 잃어버렸다고 하는데 그것이 사실입니까?"
 공자가 대답하였다.
"이것은 작은 것을 잃어버린 것입니다. 옛날 상(商)나라의 임금인 주(紂)왕에게는 신하가 있었는데 왕자수(王子須)라고 합니다. 그는 아첨하기를 힘써 그 임금으로 하여금 잠깐의 오락을 즐기게 하고는 자신이 죽는 근심까지 잊어버렸습니다. 여러 노인들의 말씀을 버리고 어린아이들의 꾀를 사용한 것입니다."

〔노(魯)나라 애공(哀公)이 공자(孔子)에게 물어 말하기를 "노(魯)나라에 크게 잃는 이가 있어 이사할 때 그 아내를 잃어버렸다고 하는데 사실입니까?" 하니, 공자가 대답하기를 "이것은 건망증이 적은 것입니다. 옛날에 상(商)나라의 주(紂)는 신하가 있었는데 왕자수(王子須)라고 합니다. 아첨하기를 힘써 그 임금으로 하여금 잠시의 낙을 즐기게 하다가 자신이 죽는 근심도 잊었으며 많은 노인들의 말을 저버리고 어린아이들의 꾀를 사용하였습니다." 하 하였다.〕

 魯哀公[1]問孔子曰 魯有大忘[2] 徙而忘其妻 有諸 孔子曰 此忘之小者也 昔商紂有臣曰王子須[3] 務爲諂 使其君樂須臾[4]之樂 而忘終身之憂 棄黎老[5]之言 而用姑息[6]之謀

1) 魯哀公(노애공) : 춘추시대 노(魯)나라 임금.
2) 大忘(대망) : 크게 잃다. 심한 건망증.
3) 王子須(왕자수) : 누구인지 기록이 자세하지 않다.
4) 須臾(수유) : 잠깐사이.
5) 黎老(여로) : 뭇노인들. 장로(長老)들.

6) 姑息(고식) : 여기서는 어린아이를 말한다.

21. 물은 물고기를 잃어도 물이다

공자가 어느날 제자인 자하(子夏)에게 질문을 하였다.

"상(商)아, 너는 군주가 어떠한 것인가를 알고 있느냐?"

하니, 제자인 자하(子夏)가 대답하였다.

"물에 사는 물고기는 물이 없으면 죽게 되지만 물은 물고기를 잃어 버린다 해도 물로 그냥 있는 것과 같습니다. 곧 군주는 백성을 잃으면 자신이 죽는 것이지만 백성은 군주를 잃어도 그냥 백성으로 남는 것과 같은 것입니다."

공자가 이러한 자하의 대답을 듣고 말하였다.

"상아, 너는 군주가 어떠한 것인가를 자세히 알고 있구나."

〔공자가 자하(子夏)에게 말하기를 "상(商)아, 너는 군주가 군주된 것을 아느냐?" 하니, 자하가 대답하기를 "물고기가 물을 잃으면 죽는 것이요, 물은 물고기를 잃어도 물이 되는 것과 같은 것입니다." 하였다. 공자가 말하기를 "상아, 아는구나." 하였다.〕

孔子謂子夏[1]曰 商 汝知君之爲君乎 子夏曰 魚失水則死 水失魚猶爲水也 孔子曰 商 汝知之矣

1) 子夏(자하) : 공자의 제자. 이름은 상(商). 성은 복(卜), 자하는 자(字)이다. 자유(子遊)와 함께 문학에 뛰어났으며 공문(孔門) 십철(十哲)의 한 사람이다.

22. 주(周)나라가 장차 망할 것 같아 눈물이 납니다

비자양(費子陽)이 자사(子思)에게 말하기를
"내 생각에 주(周)나라 왕실(王室)은 장차 멸망할 것 같습니다. 그것을 생각하면 흐르는 눈물을 그칠 수가 없습니다."
하니, 자사가 말하였다.
"그렇게 슬픕니까? 그렇지만 한 사람의 몸으로써 세상이 다스려지지 않는 것을 근심하여 흐르는 눈물을 그칠 수가 없다는 것은 황하(黃河)의 물이 탁한 것을 근심하여 울어서 맑게 하려고 하는 것과 같은 것입니다."

세상 사람들이 어진 인재를 등용하는 것이 매우 이롭다는 것을 알면서도 어진 인재를 쓰지 않는 것은 무엇 때문인가?

말을 살 때 말의 발 힘이 얼마나 있는가를 살피지 않고 희고 검은 것으로써 기준을 삼는다면 반드시 잘 달리는 말을 얻을 수 없는 것이다.

옥을 살 때 그 옥의 아름답고 거친 것을 살피지 않고 옥이 크고 작은 것으로만 기준을 삼는다면 반드시 좋은 옥을 얻을 수 없는 것이다.

선비를 등용하면서 그 선비가 재주를 가지고 있는지를 살피지 않고 귀한 배경으로써 기준을 삼는다면 은(殷)나라의 이윤(伊尹)이나 제(齊)나라의 관중(管仲)은 신하가 되지 못했을 것이다.

▨ 표준을 삼는 것이 정확해야 그에 따른 진실도 얻어지는 것이요, 표준을 세운 것이 애매모호하면 잘못된 것들만 나타나는 것이다.

〔비자양(費子陽)이 자사(子思)에게 이르기를 "내 생각건대 주왕실(周王室)이 장차 멸망할 것 같아 눈물을 가히 금치 못하겠습니다." 하였다. 자사가 말하기를 "그러나 지금 한 사람의 몸으로써 세상이 다스려지지 못한 것을 근심하고 눈물을 금하지 못하는 것, 이 것은 황하의 물이 탁한 것을 근심하여 울어서 맑게 하려는 것과 같습니다."고 하였다.

사람들이 어진 사람을 등용하여 쓰면 이로운 것을 알면서도 능히 어진이를 얻지 못하는 것은 무슨 까닭인가? 대저 말을 살 때 발의 힘을 논하지 않고 희고 검은 것으로써 본보기를 삼는다면 반드시 잘 달리는 말은 없다. 옥을 살 때 아름답고 미운 것을 논하지 않고 크고 작은 것으로써 본보기를 삼으면 반드시 좋은 보배는 없다. 선비를 등용하는 데에도 재주를 논하지 않고 귀한 형세로써 본보기를 삼으면 이윤이나 관중은 신하가 되지 못한다.〕

費子陽[1]謂子思曰 吾念周室將滅 涕泣不可禁也 子思曰 然今以一人之身 憂世之不治 而涕泣不禁 是憂河水濁而以泣淸之也

人知用賢之利也 不能得賢 其何故也 夫買馬不論足力而以白黑爲儀 必無走馬矣 買玉不論美惡而以大小爲儀 必無良寶矣 擧士不論才而以貴勢爲儀 則伊尹管仲[2] 不爲臣矣

1) 費子陽(비자양) : 기록이 자세하지 않다.
2) 伊尹管仲(이윤관중) : 이윤은 은(殷)나라 탕임금의 재상, 관중은 춘추시대 제(齊)나라 환공의 재상으로 환공이 춘추 오패의 한 사람이 되게 하였다.

23. 모든 것을 완전히 맡겨야 한다

병을 고치는 의원인 구(姁)라는 사람이 있었는데 그는 본래 진(秦)나라의 훌륭한 의원이었다. 선왕(宣王)을 위해서는 부스럼을 치료해 주어 낫게 했고 혜왕(惠王)을 위해서는 치질을 치료하여 낫게 했다.

어느날 장자(張子)라는 사람이 등에 종기가 났다. 구(姁)를 불러 등창을 치료하도록 하였는데 장자가 구에게 이르기를

"지금부터는 나의 등은 내 것이 아니다. 그대에게 맡기노니 그대가 알아서 하라."

하였다. 구가 치료하여 드디어 완치되었다.

이것은 구가 정성을 다하여 치료한 결과이기도 하지만 장자(張子) 자신이 구를 믿고 모든 것을 일임했기 때문이었다.

무릇 자신의 몸이나 국가도 또한 이와 같은 것이다. 반드시 완전히 맡겨진 뒤에야 다스려질 수 있는 것이다.

내가 모든 백성을 얻어서 다스린다면, 말에 비유해서 준마인 자연(紫燕)이나 난지(蘭池)도 나올 수 있고 수기(秀騏)나 봉괴(逢騩)도 나올 수 있고 기린(騏驎)이나 경준(徑駿)도 나오게 할 수 있다.

[의구(醫姁)라는 사람이 있었는데 진(秦)나라의 좋은 의원이었다. 선왕(宣王)을 위하여 부스럼을 짜개었고 혜왕(惠王)을 위하여는 치질을 다스려 다 낫게 하였다. 장자(張子)가 등에 종기가 나자 구(姁)를 명하여 다스리게 하였는데 구에게 이르기를 "등은 나의 등

이 아니다. 그대에게 완전히 맡기노라." 하였다. 다스려서 드디어 나았다. 구가 정성들여 등창을 치료한 때문이었으며 장자(張子)도 자신을 맡겼기 때문이다. 대저 몸과 나라도 또한 이와 같은 것이다. 반드시 맡기는 바가 있은 연후에야 다스린다.

내가 백성을 얻어 다스리는 것은 말에 자연(紫燕)과 난지(蘭池)가 있고 말에 수기(秀騏)와 봉괴(逢騧)가 있고 말에 기린(騏驎)과 경준(徑駿)이 있는 것과 같다.〕

有醫竘[1]者 秦之良醫也 爲宣王[2]割痤 爲惠王[3]治痔 皆愈 張子[4]之背腫 命竘治之 謂竘曰 背非吾背也 任子制焉 治之遂愈 竘誠善治疾也 張子委制焉 夫身與國 亦猶此也 必有所委制 然後治矣

我得民而治 則馬有紫燕蘭池[5] 馬有秀騏逢騧[6] 馬有騏驎徑駿[7]

1) 竘(구): 진나라 의원의 이름. 일설에는 얼굴을 뜯어 고치는 의원이라고도 한다.
2) 宣王(선왕): 어느 나라 왕인지 자세하지 않다.
3) 惠王(혜왕): 어느 나라 왕인지 자세하지 않다.
4) 張子(장자): 누구인지 자세한 기록이 없다.
5) 紫燕蘭池(자연난지): 자연이나 난지는 다 훌륭한 말의 명칭이다.
6) 秀騏逢騧(수기봉괴): 수기와 봉괴는 다 훌륭한 말의 명칭이다.
7) 騏驎徑駿(기린경준): 기린이나 경준도 다 훌륭한 말의 명칭이다.

24. 형벌은 민중의 채찍이다

대개 말〔馬〕이라는 것은 말을 잘 다루는 기술자가 몰면 온순해지고 잘 길들어 말을 잘 듣고 단정해져서 잘 달려 먼 곳까지 갈 수 있다.

그러나 말에 대한 지식이 없는 종(무뢰한)에게 말을 몰게 하면 말이 날뛰고 제멋대로 달리고 하여 수레를 망가뜨리게 된다.

민중이라는 집단도 비유해 본다면 말과 같다 할 수 있다.

요임금이나 순임금과 같은 어진 지도자가 나와 민중을 다스린다면 천하는 올바른 길로 이끌려 가게 되고 걸(桀)왕이나 주(紂)왕과 같은 폭군이 나타나 민중을 인도하게 되면 천하는 산 위로 달리는 것과 같은 것이다.

수레가 가볍고 목적지가 가까우면 말에 채찍을 사용할 필요가 없다. 말에 채찍이 필요할 때에는 도착할 목적지는 멀고 맡은 책임이 무거운 때이다.

형벌이라는 것은 민중에게 있어서 말의 채찍과 같은 것이다.

형벌을 만든 사람은 형벌로써 가르침을 대신하여 말을 듣지 않는 것을 굴복시키려 한 것이다.

〔대저 말이란 말의 기술자가 몰면 화순하여 단정해지고 먼 길까지 이르게 된다. 천한 종이 몰면 뛰고 달려서 수레를 상하게 한다. 백성이란 말에 비유할 수 있다. 요임금이나 순임금이 몰면 천하가 단정해지고 걸(桀)이나 주(紂)가 몰면 천하가 역산(歷山)으로 달려간다.

수레가 가볍고 길이 가까우면 말에 채찍을 사용하지 않아도 된다. 채찍을 사용하는 것은 길이 멀고 임무가 무겁기 때문이다. 형벌이라는 것은 백성들의 채찍이다.

형벌을 만든 것은 형벌로써 가르침을 돕고 듣지 않는 것을 복종

시키기 위한 것이다.]

夫馬者 良工御之 則和馴端正 致遠道矣 僕人[1]御之 則馳奔毀車矣 民者 譬之馬也 堯舜御之 則天下端正 桀紂御之 則天下奔於歷山

車輕道近 則鞭策不用 鞭策之所用 遠道重任也 刑罰者 民之鞭策也

爲刑者 刑以輔敎 服不聽也

1) 僕人(복인) : 종, 하인. 말을 다룰 줄 모르는 사람.

25. 형벌을 잘 운용한 진(秦)나라 목공(穆公)

춘추시대에 진(秦)나라 목공(穆公)은 옥사(獄事 : 감옥) 다스리는 일을 아주 잘하였다.

어느날 형을 집행하는데 하급관리와 고급관리에게 절을 하면서 말하였다.

"과인(寡人)이 둔하고 민첩하지 못하여 가르침이 백성에게 이르지 못했소. 그러므로 백성들이 죄를 짓게 되었으니 과인에게도 함께 잘못이 있는 것이오. 그대들은 각자가 자신의 직책에 따라 백성들을 잘 교육시켜서 백성들로 하여금 죄를 범하여 형벌을 받는 곤란에 빠지지 않게 하시오"

이와 같이 목공은 형벌을 즐긴 것이 아니라 부득이 사용하였을 뿐이다. 이러한 정황으로 보더라도 목공은 형벌을 잘 운용한 것이다.

대개 무리의 종류를 알고 자신을 알면 남도 알 수 있는 것이다.

 하늘에서 눈과 비가 내리던 어느날 초(楚)나라 장왕(莊王)이 떨어진 갖옷을 입고 궁궐에 당도하여 말하기를
 "내가 이렇게 추운데 저 백성이나 나그네들은 더 많이 추울 것이다."
 하고는 이에 신하를 파견하여 나라 곳곳을 순찰하게 하여 백성이나 나그네 중에서 살 집이 없거나 식량이 떨어져 굶주리는 자를 구휼하였는데 나라 사람들이 매우 기뻐하며 환영하였다.
 가까운 곳이 기뻐하게 되면 먼 곳에 있는 사람들이 스스로 오게 되는 것이다.

 〔진(秦)나라 목공(穆公)이 옥사(獄事)를 듣는데 밝았다. 형을 시행하는 날에 사(士)와 대부(大夫)에게 읍(揖)을 하고 말하기를 "과인이 민첩하지 못하여 가르침이 이르지 못한고로 백성으로 하여금 형벌에 빠지게 하였다. 과인이 함께 허물이 있는 것이다. 그대들은 각자가 그대들의 관직을 들어 백성들로 하여금 형벌의 곤란이 없도록 하라." 하였다. 목공이 백성에게 형벌 내리는 것을 즐겨한 것이 아니다. 부득이 하였을 뿐이다. 이러한 것을 형벌을 잘 썼다고 하는 것이다.
 대저 무리의 유(類)를 알고 나를 알면 남을 알 수 있다. 하늘이 눈과 비를 내리는데 초(楚)나라 장왕(莊王)이 떨어진 갖옷을 입고 집에 도착하여 말하기를 "내가 추운 것 같이 저 백성이나 나그네들은 더 심할 것이다." 하고는 이에 사람을 파견하여 나라를 순례케 하고 백성과 나그네로서 살 곳 없고 식량이 떨어진 자를 구휼하게 하였는데 나라 사람들이 크게 기뻐하였다.

가까운 곳이 기뻐하면 먼 곳에서도 찾아온다.]

　秦穆公明於聽獄　斷刑之日　揖士大夫曰　寡人[1]不敏　教不至
使民入於刑　寡人與有戾焉　二三子[2]各據爾官　無使民困於刑
繆公[3]非樂刑民　不得已也　此其所以善刑也
　夫知衆類　知我則知人矣　天雨雪　楚莊王[4]披裘當戶　曰　我猶
寒　彼百姓賓客[5]甚矣　乃遣使巡國中　求百姓賓客之無居宿絶糧
者賑之　國人大悅
　悅尼[6]而來遠

1) 寡人(과인) : 임금이 자신을 칭하는 말.
2) 二三子(이삼자) : 두,세 사람. 그대들.
3) 繆公(목공) : 진목공(秦穆公)과 같다. 목(繆)과 목(穆)은 통용된다.
4) 楚莊王(초장왕) : 춘추시대 오패(五霸)의 한 사람.
5) 賓客(빈객) : 여기서는 나그네.
6) 尼(니) : 근(近)과 같다.

26. 괴물을 뜰에 진열한 서언왕(徐偃王)

　앞서간 현명한 왕(王)들도 커다란 새나 괴이한 짐승들을 탐내
지 않은 것은 아니었다. 그들은 그것들을 개인적인 사유물로 소
유하지 않았을 뿐이다.
　서언왕(徐偃王)은 괴이하고 이상한 것을 좋아하였다. 깊은 물
을 흙으로 메꾸어 괴상한 물고기들을 잡았고 깊은 산중에 들어
가 괴상한 짐승들을 잡아서 그것들을 다 정원에 진열시켰다.
　서언왕은 몸이 힘줄로만 이루어져 있으며 뼈가 없는 사람이

었다.

 거(莒)나라 임금은 귀신이나 무당을 좋아하다가 나라가 멸망하기에 이르렀다.

 하늘이 낸 천자(天子)가 그 천하의 민중을 잃으면 멸망하는 것이요, 제후가 그 나라의 민중을 잃으면 제후국이 무너지는 것이다.

 같은 성(姓)씨에게 장가드는 것은 첩(妾)으로써 아내를 삼는 것이요, 태자(太子)에게 변화가 오는 것은 모든 것이 대부(大夫)의 죄가 되며 후계 세우는 것을 혼자의 마음대로 처리하면 나라가 망하고 이웃나라들은 좋아하며, 어두운 곳에서 의복을 바꾸고 예와 형벌을 변경시키면 그 나라를 잃게 되는 것이다.

 술을 좋아하면 술로 인하여 자신을 잃게 되는 것이다.

 어진 사람이 이르지 못하도록 장벽을 치면 종말에는 죽음에 이르게 되는 것이다.

 〔선왕(先王) 때에는 어찌 대조(大鳥)와 괴수(怪獸)의 동물들이 없었겠는가. 단지 사사로이 하지 않았다.

 서언왕(徐偃王)이 괴이한 것을 좋아하여 깊은 물을 메꾸어서 괴상한 물고기를 얻고 깊은 산에 들어가서 괴상한 짐승을 얻어 많은 것을 뜰에 진열하였다.

 서언왕은 힘줄은 있었고 뼈가 없었다.

 거군(莒君)이 귀신이나 무당을 좋아했는데 나라가 망하였다.

 천자(天子)는 백성을 잃으면 멸하고 제후는 백성을 잃으면 망한다.

 동성(同姓)에게 장가들면 첩(妾)으로써 처(妻)가 되고 태자(太子)

가 변고가 있는 것은 오로지 대부(大夫)의 죄이다. 세우는 것을 마음대로 하면 나라는 단절되고 이웃에서는 좋아한다. 어두운 곳에서 의복을 바꾸고 예절과 형벌을 바꾸면 방종해 진다.

술을 좋아하면 자신을 잃어 버린다.

어진 사람을 막으면 죽는다.〕

先王[1]豈無大鳥怪獸之物哉 然而不私也
徐偃王[2]好怪 沒深水而得怪魚 入深山而得怪獸者 多列於庭
徐偃王有筋而無骨
莒君[3]好鬼巫而國亡
天子忘民則滅 諸侯忘民則亡
娶同姓 以妾爲妻 變太子 專罪大夫 擅立 國絶隣好 則幽改衣服 易禮刑 則放
好酒忘身
障賢者死

1) 先王(선왕) : 앞서간 임금들. 곧 요순우탕문무(堯舜禹湯文武)의 임금들.
2) 徐偃王(서언왕) : 서왕모(西王母)를 뜻하는 것 같다.
3) 莒君(거군) : 거(莒)나라 임금. 작은 나라의 임금으로 자세한 기록이 없다.

27. 다섯 왕들의 관상이 있었다

옛날 옛적에 다섯 임금의 관상이 있었다. 그들은 진공아(秦公牙)와 오반손(吳班孫)과 우부인(尤夫人)과 염찬(冉贊)과 공자미(公子麋)였다.

옛날 옛적에 수(倕)라는 사람이 컴퍼스와 직각자와 수평기와

174 시자(尸子)

먹줄을 만들어서 천하의 모든 사람들이 사용토록 하였다.
  달력을 처음으로 만든 사람은 희화(羲和)씨의 아들이었다.
  대장간을 처음으로 개설한 사람은 치우(蚩尤)라는 제후였다.
  수레를 처음 발명한 자는 해중(奚仲)이라는 사람이다.
  곤오(昆吾)라는 사람이 처음으로 질그릇을 굽기 시작하였다.
  고요(皐陶)는 숫양가죽을 골라 수레 만드는 데 사용하였다.

  〔옛날에 다섯 왕의 상(相)이 있었는데 진공아(秦公牙) 오반손(吳班孫) 우부인(尤夫人) 염찬(冉贊) 공자미(公子麋)였다.
  옛날에 수(倕)가 규구와 준승을 만들었고 천하로 하여금 본받게 하였다.
  달력을 만든 사람은 희화(羲和)의 아들이었다.
  야금을 만든 자는 치우(蚩尤)라는 사람이었다.
  수레를 만든 사람은 해중(奚仲)이란 사람이었다.
  곤오(昆吾)라는 사람이 질그릇을 굽는 것을 창안하였다.
  고요(皐陶)라는 사람은 숫양가죽을 골라 수레를 운전하였다.〕

  古有五王[1]之相 秦公牙 吳班孫 尤夫人 冉贊 公子麋[2]
  古者 倕[3]爲規矩準繩 使天下傚焉
  造歷者 羲和[4]之子也
  造冶者 蚩尤[5]也
  造車者 奚仲[6]也
  昆吾[7]作陶
  皐陶[8] 擇羝裘以御之

1) 五王(오왕) : 다섯 사람의 왕. 곧 상고시대의 다섯 왕. 여기서는 누구를

지칭하는지 알 수 없다.
2) 秦公牙吳班孫尤夫人冉贊公子麋(진공아 오반손 우부인 염찬 공자미) : 다 사람 이름인데 누구인지 자세한 기록이 없다.
3) 倕(수) : 황제(黃帝) 때 손재주가 좋아 여러 가지 물건을 만들었다.
4) 羲和(희화) : 희씨(羲氏)와 화씨(和氏). 요(堯)임금 때 하늘의 운행을 맡은 관리이다.
5) 蚩尤(치우) : 병기생산을 처음으로 창안한 사람.
6) 奚仲(해중) : 수레를 처음 만들었다는 상고시대의 사람.
7) 昆吾(곤오) : 중국 오랑캐의 나라 이름. 곤오의 나라에서 질그릇을 굽기 시작했다고 함.
8) 皐陶(고요) : 순(舜)임금시대에 형벌을 관장하던 신하.

28. 호랑이는 새끼라도 소 잡을 기개가 있다

부들로 옷을 만든 지 8년만에 순(舜)임금이 천하를 우(禹)에게 넘겨 주었다.

주왕(周王)의 태자 진(晉)이 태어난 지 8년만에 악사인 사광이 수행하였다.

호랑이와 표범의 새끼는 아직 성숙한 호화로운 문체는 이루지 못했어도 소를 잡아먹을 수 있는 기개가 있는 것이다.

기러기나 고니의 새끼는 날개가 덜 발달되어 아직 날지는 못할지라도 온 바다를 활개치고 다닐 수 있는 마음을 가지고 있다.

현명한 사람이 태어나는 것도 또한 이와 같이 아직 어리더라도 그의 기개가 천하를 삼킬 수 있는 것이다.

〔부들옷이 만들어진 지 8년만에 순(舜)임금이 천하를 사양하였다. 주왕(周王)의 태자 진(晉) 8년에 사광(師曠)이 복(服)하였다.

호랑이와 표범의 새끼는 문체는 이루지 못했어도 소를 잡아먹는 기운이 있다. 기러기와 고니의 새끼는 날개가 완전하지 못해도 온 바다를 누비는 마음이 있다. 어진이가 태어나는 것도 또한 이와 같다.〕

蒲衣[1]生八年 舜讓以天下 周王太子晉[2]生八年 而服師曠
虎豹之駒 未成文而有食牛之氣 鴻鵠之鷇 羽翼未全而有四海之心[3] 賢者之生亦然

1) 蒲衣(포의) : 갈대로 만든 옷.
2) 周王太子晉(주왕태자진) : 어느 왕의 왕자인지 불분명하다.
3) 四海之心(사해지심) : 모든 바다를 다 활개칠 수 있는 기상.

29. 천하에 이름을 드날릴 수 있는 자

공자가 말하였다.

"얼굴이나 풍채가 매우 보잘것없으며 그렇다고 선조가 위대하여 큰 업적을 남긴 것이 없건만 천하에 위대한 이름을 날리고 사방에서 그 명성을 들을 수 있도록 할 수 있는 사람은 오직 열심히 노력한 '학자' 뿐이니라."

집안에 비록 수백억가는 보배로운 옥(玉)이 있을지라도 그것이 옥인지를 알지 못하면 오히려 가난을 면하지 못한다. 하지만 그것이 옥이라는 보물인 줄 알고 옥을 다듬는 숙련된 기능공을 데려다 보물을 만들면 한 나라 안의 큰 부자가 될 수 있다.

몸도 마찬가지다. 자신이 지극히 귀하게 태어났지만 아무도 알아주지 않으면 천하게 살 수밖에 없으나 성인(聖人)이 그 귀하게 태어난 것을 알고 등용하여 쓰면 천하에 최고로 귀한 인물이 될 수 있는 것이다.

공자가 말하였다.

"시를 외우고 글을 읽는 것은 옛사람과 함께 사는 것이요, 글을 읽고 시를 읊조리는 것은 옛사람과 더불어 일을 도모하는 것이다."

공자는 의지가 흔들릴 때에는 제자인 자로(子路)가 자신의 곁에 있게 하고 예복이 잘 꾸며지지 않을 때에는 공서화가 곁에 있게 하였고 예절이 숙달되지 않았을 때에는 자공(子貢)이 옆에 있게 하였고 언어가 잘 소통되지 않을 때에는 재아를 옆에 있게 하였으며 옛날 일과 현실이 헛갈릴 때에는 안회를 옆에 두었으며 자잘한 것들을 조절할 때에는 염백우를 옆에 있게 하였는데, 공자가 말하기를 "나는 여섯 제자들에게 스스로 힘쓰도록 하는 것이다." 하였다.

[중니(仲尼)가 말하기를 "얼굴의 모양이 족히 볼 만한 것도 없고 선조(先祖) 또한 천하에 일컬어질 만한 것이 없는데도 이름을 천하에 드날려 사방에 들리게 할 자는 오직 학자(學者)뿐이다." 하였다.

집안에 일천금의 옥이 있을지라도 알지 못하면 오히려 가난한 것이나 좋은 공인(工人)에게 그 옥을 다스리게 하면 부(富)가 한 나라를 덮을 것이다. 몸이 지극히 귀하게 태어났으나 알지 못하면 오히려 천덕꾸러기이지만 성인(聖人)이 세상에 고하면 천하에서 가장 귀하게 된다.

공자가 말하기를 "시를 외우고 글을 읽는 것은 옛사람과 함께 사는 것이요, 글을 읽고 시를 읊는 것은 옛사람과 함께 일을 하는 것이다." 하였다.

중니(仲尼)가 의지가 서지 아니하면 자로(子路)가 모시고 의복이 갖추어지지 않았으면 공서화(公西華)가 모시고 예절이 익숙지 아니하면 자공(子貢)이 모시고 언사(言辭)가 달변이 안되면 재아(宰我)가 모시고 예와 지금을 망각하여 흐려지면 안회(顔回)가 모시고 하찮은 것이라도 절약할 때에는 염백우(冉伯牛)가 모시게 하며 말하기를 "내가 이 여섯 제자에게 스스로 힘쓰도록 한 것이다." 하였다.]

仲尼曰 面貌不足觀也 先祖天下不見稱也 然而名顯天下 聞於四方 其惟學者乎

家有千金之玉而不知 猶之貧也 良工[1]治之 則富弇一國 身有至貴而不知 猶之賤也 聖人告之 則貴最天下

孔子曰 誦詩讀書與古人居 讀書誦詩與古人謀

仲尼[2]志意不立 子路[3]侍 儀服不修 公西華[4]侍 禮不習 子貢[5]侍 辭不辨 宰我[6]侍 亡忽古今 顔回[7]侍 節小物 冉伯牛[8]侍 曰 吾以夫六子自厲也

1) 良工(양공) : 이름난 기술자.
2) 仲尼(중니) : 공자의 자(字).
3) 子路(자로) : 이름은 유(由). 자로는 자, 노(魯)나라 변(卞) 땅 사람. 계로(季路)라고도 한다. 정사(政事)에 뛰어났다. 공문10철(孔門十哲)의 한 사람.
4) 公西華(공서화) : 공자의 제자. 공서는 성, 화(華)는 이름.

5) 子貢(자공) : 위(衛)나라 사람. 성은 단목(端木), 이름은 사(賜), 자공은 그의 자. 언변이 좋고 재물을 불리는 재주가 있었다고 함. 공문10철의 한 사람.

6) 宰我(재아) : 노(魯)나라 사람. 재여(宰予)라고도 하며 공문10철의 한 사람으로 언변에 뛰어났다.

7) 顔回(안회) : 공문10철의 한 사람. 덕행으로 뛰어났다. 자는 자연(子淵), 노(魯)나라 사람. 안자(顔子)라고도 한다.

8) 冉伯牛(염백우) : 노(魯)나라 사람. 이름은 경(耕). 공문10철의 한 사람으로 안연과 함께 덕행으로 뛰어났다.

30. 어찌하여 살이 쪘느냐

공자의 제자인 민자건(閔子騫)이 어느날 살이 많이 쪘다.

자공(子貢)이 민자건을 보고 말하기를

"어찌하여 그렇게 살이 쪘는가?"

하니, 민자건이 대답하였다.

"내가 밖에 나가서 아름다운 마차와 말을 보면 나도 저렇게 아름다운 마차와 말을 가져보고 싶다고 생각했고 집에 들어와서 앞서간 선왕(先王)들의 말을 경전에서 보면 나도 그렇게 훌륭한 언행을 갖추어야지 하는 생각을 했다네. 마음속에서 이 두 마음이 서로 싸웠는데 지금은 선왕들의 말을 따르는 쪽이 승리를 했네. 그랬더니 살이 이렇게 찌더군."

공자의 제자인 자하(子夏)가 말하였다.

"군자는 배가 주리고 추위에 떠는 가난한 환경으로 빠져 들어도 자신의 지조를 꺾지 않고 총과 칼이나 권세와 부귀로써 위협을 해도 자신의 의견을 피력하는데 조금도 주저하지 않으며 큰 일에 임하여서도 옛날의 어떤 사소한 모임에서 약속한 말을 잊지 않는 것이다."

〔민자건(閔子騫)이 살이 쪘다. 자공(子貢)이 보고 말하기를 "어떻게 살이 쪘느냐?" 하니, 자건이 말하기를 "내가 밖에 나가서 아름다운 수레와 말을 보고 나도 해보고자 했으며 집에 들어와서는 선왕(先王)들의 말을 듣고는 또 해보고자 하는 생각을 가졌다. 그 뒤로 두 마음이 서로 싸워 지금에야 선왕의 말씀이 이겼으므로 살이 쪘다." 하였다.

자하가 말하기를 "군자는 배고프고 추위에 빠져 들어도 의지가 치우쳐지지 아니하고 총칼로 위협을 하더라도 언어가 위축되지 아니하고 큰 일에 임해서도 옛날에 말했던 것을 잊지 않는다." 하였다.〕

閔子騫[1]肥 子貢曰 何肥也 子騫曰 吾出見其美車馬 則欲之 入聞先王之言 則又思欲之 兩心相與戰 今先王之言勝 故肥
　子夏[2]曰 君子漸於飢寒而志不僻 侉於五兵[3]而辭不懾 臨大事不忘昔席之言

1) 閔子騫(민자건) : 노(魯)나라 사람으로 손(損). 자건은 자(字). 공문10철의 한 사람이며 덕행으로 이름이 났다. 효(孝)로 유명하다.
2) 子夏(자하) : 위(衛)나라 사람. 성은 복(卜), 이름은 상(商). 자하는 그의 자(字). 자유(子遊)와 함께 문학에 뛰어난 공문10철의 한 사람.
3) 五兵(오병) : 다섯 가지 무기. 과(戈) 수(殳) 극(戟) 추모(酋矛) 이모(夷矛).

31. 의로우면 사람들이 존경한다

모든 사람들에게 인(仁)을 베풀면 많은 사람들이 가까이 따르게 되고, 의롭게 행동하면 많은 사람들이 존경하며 받들고, 지혜로운 행동을 하게 되면 모든 사람들에게 필요한 사람이 되는 것이다.

파나 부추를 심은 자가 너무 많은 것을 솎아주고 관리를 잘하면 무성하게 잘 크듯 인(仁)이나 의(義)도 또한 선택하지 않을 수 없는 것이다.

오직 선(善)이란 근본의 뿌리가 없고 의는 이 세상에 번성하게 널려있는 것이다. 재앙이나 흉한 것을 조심하면 재앙이나 흉한 것을 거듭 겪지 않는 것이다.

풀과 나무는 크거나 작거나 할 것 없이 반드시 봄이 다가와야 새싹이 돋아나고 다시 생기를 찾는다.

사람이란 의(義)를 만나고 난 후에야 일을 성취할 수 있는 것이다.

10만의 병사가 있는데 장수가 없으면 병사들은 갈팡질팡하여 크게 어지러워져 통솔할 수가 없을 것이다.

대개 의라는 것은 온갖 일의 장수와 같은 것이다. 나라를 세우는 것은 의이며 사람이 태어나는 것도 또한 의일 따름이다.

모든 사람들이 얼굴이 망가지는 것을 치욕으로 여기는데 군자는 의가 무너지는 것을 수치로 여기는 것이다.

어진 사람에게 의에 대해 묻기를 "귀할 것인가 의로울 것인가" 하면 '의(義)'라고 한다. 그러므로 요임금이 천하를 순임금에게 준 것이다.

어진 사람에게 의에 대해 묻기를 "부자로 살 것인가 의로울 것인가" 하면 '의'라고 한다. 그러므로 자한(子罕)이 옥(玉)을 받지 않은 것을 보배로 삼았다.

어진 사람에게 의에 대해 묻기를 "살 것인가 의로울 것인가" 하면 '의'라고 한다. 그러므로 무광(務光)이 물 속에 몸을 던져 죽은 것이다.

이 세 가지는 사람들이 다 소중하게 여기는 것으로 의와 바꾸기 어려운 것들이다.

의로우면 반드시 이로운 것이다.

비록 포악한 걸(桀)왕이 의로운 관룡봉(關龍逢)을 죽이고 사나운 주(紂)왕이 의로운 왕자비간(王子比干)을 죽였을지라도 오히려 의는 반드시 이롭다고 말할 수 있는 것이다.

은(殷)나라 말기의 기자서여(箕子胥餘)가 몸에 칠을 칠하고 자신을 학대하며 머리를 풀어헤치고 거짓 미친척 한 것도 의로써 환난을 면하기 위한 것이었다.

[인(仁)하면 사람들이 친밀해지고 의로우면 사람들이 존경하고 지혜로우면 사람들에게 쓰이게 된다. 파나 부추를 심은 자가 그것을 골라주면 무성하게 자라고 인과 의 또한 가리지 않을 수 없다. 오직 선(善)은 근본이 없고 의(義)가 이에 번식하고 재앙이나 흉한 것을 조심하면 화가 이에 거듭하지 않는다.

풀과 나무는 크고 작은 것이 없이 반드시 봄을 기다린 후에 태어나고 사람은 의(義)를 기다린 후에 이루어지는 것이다.

10만의 병사들에 장군이 없으면 반드시 크게 어지러워진다. 대저

의(義)라는 것은 온갖 일의 장수와 같다. 나라가 세워지면 의(義)요, 사람이 태어나는 것도 또한 의이다.

모든 사람들이 얼굴을 망가뜨린 것을 욕된 것으로 삼지만 군자는 의를 망가뜨린 것을 욕으로 삼는다.

어진이는 의에 대하여 말하기를 "귀할 것인가 의할 것인가" 하면 의할 것이라고 한다. 그러므로 요임금은 천하로써 순임금에게 준 것이었다. "부자인가 의인가" 하면 대답하기를 의라고 한다. 그러므로 자한(子罕)이 옥(玉)을 받지 않은 것을 보배로 삼은 것이다. 이르기를 "삶이냐 의이냐" 하면 의라고 한다. 그러므로 무광(務光)이 물에 빠져서 목숨을 끊었다. 이 세 가지는 사람들이 소중히 여기는 바요, 족히 의로써 바꾸기 쉽지 않다.

의로우면 반드시 이로운 것이다. 비록 걸(桀)이 관룡봉(關龍逢)을 죽이고 주가 왕자비간(王子比干)을 죽였으나 오히려 의는 반드시 이롭다 이를 것이다.

기자서여(箕子胥餘)는 몸에 칠을 칠하고 자신을 학대하며 머리를 풀고 거짓 미친 것처럼 하여 자신의 재앙을 면하였다.]

仁則人親之 義則人尊之 智則人用之也
樹蒽韭[1]者 擇之則蕃 仁義亦不可不擇也 惟善無基 義乃繁滋 敬災與凶 禍乃不重
草木無大小 必待春而後生 人待義而後成
十萬之軍無將 軍必大亂 夫義 萬事之將也 國之所以立者 義也 人之所以生者 亦義也
衆以虧形爲辱 君子以虧義爲辱
賢者之於義 曰貴乎義乎 曰義 是故堯以天下與舜 曰富乎義

乎 曰義 是故子罕²⁾以不受玉爲寶 曰生乎義乎 曰義 是故務光³⁾
投水而殪 三者 人之所重 而不足以易義

義必利 雖桀殺關龍逢⁴⁾ 紂殺王子比干⁵⁾ 猶謂義之必利也

箕子胥餘⁶⁾ 漆體而爲厲 披髮佯狂 以此免也

1) 樹蔥韭(수총구) : 나무가 파나 부추처럼 빽빽하게 난 것을 뜻한다.
2) 子罕(자한) : 초(楚)나라의 신하.
3) 務光(무광) : 사람 이름.
4) 關龍逢(관룡봉) : 하(夏)나라의 어진 신하. 걸(桀)왕에게 잘못을 간하다 피살되었다.
5) 王子比干(왕자비간) : 은(殷)나라의 왕족으로 주(紂)왕의 숙부인데 주왕에게 잘못을 간하다가 피살되었다.
6) 箕子胥餘(기자서여) : 은(殷)나라의 주(紂)왕 서형(庶兄)으로 거짓 미친 체하여 목숨을 보존하였다. 서여는 기자의 이름이라고도 한다.

32. 거(莒)나라에 초원(焦原)이 있었다

춘추시대에 거(莒)나라라는 조그마한 나라에 '초원(焦原)'이라는 곳이 있었다. 넓이는 수십자에 길이는 50보 정도 밖에 안 되었지만 100길〔百仞〕이나 되는 계곡에 임해 있었으므로 거나라에서는 누구도 감히 접근하지 못하였다.

그런데 거나라에 용기있는 한 젊은이가 나타나서 홀로 뒷걸음질 쳐서 발뒤꿈치로 올랐다.

거나라에서 감히 가까이 하지 못했는데 이 사람이 홀로 발뒤꿈치로 오르니 거나라 사람들이 감복하였다.

대개 의로써 '초원(焦原)'이 만들어진 것이 또한 높다. 그러므

로 어진이가 의에는 반드시 또 발뒤꿈치로 오르는 것이니 이것
이 한 세대를 감복시키는 것이다.

〔거(莒)나라에 초원(焦原)이라고 이름 붙여진 곳이 있다. 넓이가
수십자고 길이가 50보였는데 백인(百仞)의 계곡에 다다라 거(莒)나
라에서는 감히 접근을 못하였다. 어떤 용기있는 거나라의 남자가 있
어 홀로 뒷걸음질 해서 발뒤꿈치로 올라갔다. 거나라에서는 감히 가
까이 조차 못했는데 이 사람이 홀로 발뒤꿈치로 오르고 거나라를
굴복시켰다. 대저 의(義)로써 '초원'이 되고 또한 높인 것이다. 그러
므로 어진이들의 의에는 반드시 또 제종(齊踵)하는 것이니 이것은
한 세대를 굴복시키는 것이다.〕

莒國[1]有名焦原者 廣數尋 長五十步 臨百仞[2]之谿 莒國莫敢
近也 有以勇見莒子[3]者 獨卻行齊踵[4]焉 莒國莫之敢近 已獨齊
踵焉 所以服莒國也 夫義之爲焦原也亦高矣 是故賢者之於義
也 必且齊踵焉 此所以服一世也

1) 莒國(거국) : 중국 주(周)나라시대의 나라 이름. 지금의 산동성(山東省)
 거현(莒縣)에 있었다.
2) 百仞(백인) : 1백장의 높이.
3) 莒子(거자) : 거나라 사람의 아들.
4) 卻行齊踵(각행제종) : 뒷걸음질 쳐서 발뒤꿈치로 오르다. 제(齊)는 제
 (躋)의 잘못이다.

33. 한 손에 원숭이를 한 손에 호랑이를

옛날 중황백(中黃伯)이라는 사람이 말하였다.

"나는 왼손에는 태항산(太行山)의 사나운 원숭이를 잡고 있고 오른손에는 사나운 호랑이를 움켜 쥐고 있다. 오직 상징적인 것만으로는 나의 마음을 시험하는데 부족하다.

힘이 센 사람이 있으면 또 소가 되기를 원한다. 하고자 하는 것과 상징적인 것과 싸워서 자신을 시험하고자 한다.

지금 그대들이 의(義)로 삼는 것을 가지고 장차 어떻게 시험할 것인가.

대개 가난하고 궁색한 것은 태항산의 사나운 원숭이와 같은 것이요, 천한 것을 멀리하는 것은 의로써 사나운 호랑이와 같은 것이다. 나는 날마다 이러한 것들을 만나고 있으므로 또한 족히 시험할 수 있는 것이다."

[중황백(中黃伯)이 말하기를 "내가 왼쪽에는 태항산(太行山)의 원숭이를 잡고 오른손에는 사나운 호랑이를 붙들고 오직 상(象)만으로는 내 마음을 시험하는데 함께 하지 못한다. 힘이 있는 자가 있으면 또 원하건대 소가 되어 본뜬 모양과 싸워 스스로 시험하고자 하나니 지금 그대들은 의로 삼아라. 장차 어떻게 시험할 것인가. 대저 '가난하고 궁한 것'은 태항산의 원숭이요, 가난을 멀리하는 것은 의의 사나운 호랑이다. 내가 날마다 만나는데 또한 족히 시험이 되는 것이다." 하였다.]

中黃伯[1]曰 余左執太行之獶[2] 而右搏雕虎[3] 惟象之未與吾心試焉 有力者則又願爲牛 欲與象鬪以自試 今二三子以爲義矣 將惡乎試之 夫貧窮 太行之獶也 疏賤者 義之雕虎也 而吾日遇之 亦足以試矣

1) 中黃伯(중황백) : 상고시대의 사람. 자세한 기록이 없다.
2) 太行之獶(태항지노) : 태항산의 원숭이란 뜻. 이 산의 원숭이는 사납다고 했다.
3) 雕虎(조호) : 수리와 호랑이인데 여기서는 사나운 호랑이란 뜻.

34. 맹분은 교룡도 피하지 않았다

옛날에 어느 사람이 맹분(孟賁)이라는 장사에게 이르기를
"오래 살고 싶은가, 아니면 용감하게 힘을 쓰고 싶은가."
하고 물었더니 맹분이 대답하였다.
"나는 용감하게 한번 힘을 쓰고 싶을 뿐이다."
또 묻기를
"그러면 귀하게 되고 싶은가, 용감하게 힘을 쓰고 싶은가."
하고 물었더니 맹분이 대답하였다.
"용감하게 힘을 쓰고 싶을 뿐이다."
다시 묻기를
"그러면 부자가 되고 싶은가, 아니면 용감하게 힘을 쓰고 싶은가."
하고 물었더니 대답하였다.
"용감하게 살 것이다."
사람에게 있어 오래도록 살고 귀하게 지내고 부자로 산다는

것의 세 가지는 사람의 힘으로 어찌하기 어려운 것이며 모두 다 용맹한 것과 바꾸기 어려운 것들이다. 이는 능히 육해공군이라도 두려워하게 할 수 있는 것이요, 사나운 맹수도 굴복시킬 수 있기 때문이다.

 맹분은 물속으로 다닐 때에 교룡(蛟龍)을 피하지 않았고 땅 위로 다닐 때에는 호랑이나 외뿔소들을 피하지 않았다.

 비렴악래(飛廉惡來)도 힘으로는 물소나 외뿔소의 뿔을 뽑을 수가 있었고 용맹으로는 곰과 물소를 사로잡을 수도 있었다.

〔어느 사람이 맹분(孟賁)에게 이르기를 "살고 싶으냐 용감하고 싶으냐"하니, 맹분이 말하기를 "용감하고 싶다" 라고 답하였다. 또 "귀하고 싶으냐 용감하고 싶으냐"하니, 맹분이 대답하기를 "용감하고 싶다" 하였다. 또 묻기를 "부자가 되고 싶으냐 용감하고 싶으냐." 하니, 맹분이 대답하기를 "용감하고 싶다." 하였다. 이 세 가지는 사람의 힘으로 어려운 것이요, 다 용감한 것과 바꾸기에 부족한 것이다. 이것은 삼군(三軍)도 두려워하고 사나운 맹수가 굴복하기 때문이다.

 맹분은 물속으로 다녀도 교룡(蛟龍)을 피하지 않고 육지를 다녀도 호랑이와 외뿔소를 피하지 않았다.

 비렴악래(飛廉惡來)는 힘으로는 물소와 외뿔소의 뿔을 뽑고 용맹으로는 곰과 물소를 잡은 사람이다.〕

 人謂孟賁[1]曰 生乎勇乎 曰勇 貴乎勇乎 曰勇 富乎勇乎 曰勇 三者 人之所難 而皆不足以易勇 此其所以能攝[2]三軍 服猛獸故也

 孟賁水行不避蛟龍 陸行不避虎兕

飛廉惡來[3] 力角犀兕 勇搏熊犀也

1) 孟賁(맹분) : 옛날 위(衛)나라의 유명한 힘이 센 용사.
2) 攝(섭) : 두려워하다.
3) 飛廉惡來(비렴악래) : 은(殷)나라 주(紂)왕의 신하로 간신.

35. 말을 고치면 살 수 있다

전국시대 제(齊)나라의 전성자(田成子)가 안탁취(顏歜聚)에게 용감한 것에 대하여 질문하였다. 안탁취가 대답하는 것이 심히 불경(不敬)스러웠다.

전성자의 노복인 전검이 말하기를

"당신이 한 말을 고치면 살 수 있고 그렇게 하지 않으면 죽음이 있을 뿐이다."

하니, 안탁취가 대답하였다.

"내가 죽음으로써 지혜 있는 자가 된다면 지금 살고 있는 것이 옳을 것이다. 내가 너를 두려워해야 할 것이라면 도리어 너는 나를 두려워해야 한다."

〔전성자(田成子)가 용맹을 물었다. 안탁취의 대답이 불경(不敬)했다. 전성자(田成子)의 노복인 전검(塡劍)이 말하기를 "말을 고치면 살고 고치지 않으면 죽는다." 하니, 탁취가 말하였다. "죽음으로써 지혜 있는 것이 되는 것은 지금 내 삶이 옳은 것이다. 이에 내가 너를 두려워하는 바 도리어 나를 두려워하라."〕

田成子[1]問勇 顏歜聚[2]之答也不敬 田子之僕塡劍[3]曰 更言則

生 不更則死 歜聚曰 以死爲有智 今吾生是也 是吾所以懼汝
而反以懼我

1) 田成子(전성자) : 전국시대 제(齊)나라의 세력가인 대부(大夫).
2) 顔歜聚(안탁취) : 전국시대 사람. 기록이 자세하지 않다.
3) 塡劍(전검) : 전성자의 노복. 종.

36. 제환공(齊桓公)이 노군(魯君)에게 위협받다

옛날의 성인(聖人)들은 인(仁)을 축적하였고 인을 주장하지는 않았으며 지혜를 기르기만 했지 지혜를 주장하지는 않았으며 용맹을 기르기만 했지 용맹을 주장하지는 않았다.

춘추시대의 제(齊)나라 환공(桓公)은 노(魯)나라 임금에게 위협을 받고 100리나 되는 땅을 헌납하였으며, 월(越)나라 구천(句踐)은 오(吳)나라 부차(夫差)에게 회계 땅에서 위협을 당하고 굴복하여 그 밑에 들어가 3년 동안이나 벼슬살이를 하였다.

조(趙)나라 대부 양자(襄子)는 지백(智伯)에게 위협을 받고 얼굴에 부끄러움을 나타냈다.

그러나 마침내 제나라 환공은 노나라 임금을 신하로 삼았으며 월(越)나라 구천은 오나라를 멸망시켰으며 조나라 양자는 지백을 죽였다.

용맹이라는 것은 때에 따라 겁쟁이가 되기도 하고 때에 따라 주장할 수도 있어야 제대로 발휘했다 할 수 있는 것이며, 이것이 진정한 최후의 승리로 이끌 수 있는 길이다.

은(殷)나라의 탕왕(湯王)은 탕구(湯邱)땅에서 복명하고 주(周)나라 문왕(文王)은 유리(羑里)에 갇혔었으며, 무왕(武王)은 옥문(玉門)에서 타관살이를 해야 했고 월(越)나라 왕 구천(句踐)은 회계(會稽)땅에서 노역하였으며 진(秦)나라 목공(穆公)은 효새(殽塞)에서 패배하였으며 제(齊)나라 환공(桓公)은 도적을 만났고 진(晉)나라 문공(文公)은 쫓겨 다녔다.

그러나 탕왕과 문왕과 무왕은 욕된 상태에서 도움을 받았고 월왕(越王)과 진목공과 제환공과 진문공 등 다섯 패자(霸者)들은 곤궁한 데에서 얻은 것이 있었다.

제(齊)나라의 포숙아(鮑叔牙)가 제환공을 위해 기원하여 말하였다.

"신에게는 거(莒)땅에 있었을 때를 잊지 않도록 언제나 주지시켜 주시고 관중(管仲)에게는 노(魯)나라에서 포박당했던 때를 잊지 않도록 해주시고 영척(甯戚)에게는 수레를 끌고 다니며 노래 부르던 때를 잊지 않도록 해주십시오"

〔성인(聖人)은 인을 길렀지 인을 주인으로 삼지 않았으며 지(知)를 길렀지 지를 주인으로 삼지 않았으며 용맹을 길렀지 용맹을 주인으로 삼지는 않았다. 옛날 제환공(齊桓公)은 노(魯)나라 임금에게 협박을 받고 백리나 되는 땅을 내주었으며 구천(句踐)은 회계에서 협박당하고 자신이 3년이나 벼슬을 하였다. 조양자(趙襄子)는 지백(智伯)에게 협박당하고 얼굴로 부끄럽게 여겼다. 마침내는 환공이 노군(魯君)을 신하로 삼았고 구천이 오(吳)나라를 멸하였으며 양자(襄子)가 지백을 죽이게 되었다. 이것은 용맹이라는 것이 겁에 능한 것을 이른 것이다.

탕왕(湯王)이 탕구에 복명하고 문왕(文王)이 유리에 갇히고 무왕(武王)이 옥문에서 타관살이 하고 월왕(越王)이 회계에서 역사하고 진목공(秦穆公)이 효새(殽塞)에서 패하고 제환공(齊桓公)이 도적을 만나고 진문공(晋文公)이 도망다녔다. 그러므로 삼왕(三王)은 욕된 것에서 도움을 받았고 오패(五伯)는 곤궁한 데서 얻었다. 포숙(鮑叔)이 환공을 위하여 축원하여 이르기를 "신으로 하여금 거(莒) 땅에 있었을 때를 잊지 말게 하며 관자(管子)로 하여금 노(魯)에 있었을 때를 잊지 말게 하며 영척(甯戚)으로 하여금 수레 아래에 있었을 때를 잊지 말라 하십시오" 하였다.]

聖人畜仁而不主仁 畜知而不主知 畜勇而不主勇 昔齊桓公脅於魯君[1] 而獻地百里 句踐[2]脅於會稽[3] 而身官之三年 趙襄子[4]脅於智伯[5] 而以顔爲愧 其卒桓公臣魯君 句踐滅吳[6] 襄子以智伯爲戮 此謂勇而能怯者也

湯復於湯邱 文王幽於羑里[7] 武王羈於玉門[8] 越王役於會稽 秦穆公敗於殽塞 齊桓公遇賊 晋文公出走 故三王[9]資於辱 而五伯[10]得於困也 鮑叔[11]爲桓公祝曰 使臣無忘在莒時 管子[12]無忘在魯時 甯戚[13]無忘車下時

1) 魯君(노군) : 노나라 임금.
2) 句踐(구천) : 춘추시대 월(越)나라 제2대 임금. 오(吳)나라 부차(夫差)에게 당한 치욕을 와신상담 끝에 씻었다.
3) 會稽(회계) : 중국의 산 이름이며 땅 이름이기도 하다. 오(吳)나라 왕 부차와 월나라 왕 구천이 싸웠던 산 이름. 이때 월나라 구천이 오나라 부차에게 패배하였다.
4) 趙襄子(조양자) : 춘추시대 진(晋)나라 대부. 이름은 무휼(無恤).
5) 智伯(지백) : 진(晋)나라 대부. 이름은 요(瑤). 양자에게 죽음을 당함.
6) 滅吳(멸오) : 오나라를 멸망시키다. 구천이 회계산에서 당한 치욕을 씻기

위하여 와신상담(臥薪嘗膽) 끝에 설욕하여 오(吳)나라를 멸망시킨 일.
7) 幽於羑里(유어유리) : 주나라 문왕이 은(殷)나라 주(紂)왕의 부름에 응했다가 유리에 갇힌 사건.
8) 羈於玉門(기어옥문) : 주(周)나라 무왕이 옥문(玉門)에서 떠돌던 일.
9) 三王(삼왕) : 탕왕(湯王), 문왕(文王), 무왕(武王).
10) 五伯(오패) : 춘추시대 제후의 맹주들. 월구천(越句踐), 오부차(吳夫差), 진목공(秦穆公), 제환공(齊桓公), 진문공(晉文公).
11) 鮑叔(포숙) : 포숙아(鮑叔牙). 춘추시대 제(齊)나라 대부. 양공(襄公)의 아들 소백(小白)을 보좌하여 소백이 제(齊)나라 왕이 되게 한 뒤에 친구인 관중(管仲)을 추천하여 재상(宰相)이 되게 하였다.
12) 管子(관자) : 관이오(管夷吾)의 존칭. 관중(管仲)이라고도 함.
13) 甯戚(영척) : 제(齊)나라 대부로, 환공에게 등용되었다.

37. 정승이 되었어도 즐겁지 않은 손숙오(孫叔敖)

춘추시대(春秋時代) 초(楚)나라의 정승이 되었는데도 별로 기뻐하지 않고, 정승이 되었다가 물러나 시골에서 밭을 갈며 살아도 별로 근심하는 빛이 없었다. 이러한 행동은 손숙오(孫叔敖)의 어진 덕이다.

공자(孔子)가 어느날 승모(勝母 : 어미를 이김)라는 땅에 이르렀을 때 날이 저물었는데 승모땅에서 숙박을 하지 않고 떠났다. 또 어느날 도천(盜泉 : 도둑놈의 우물)이라는 땅을 지나게 되었는데 목이 말라도 도천의 물을 마시지 않았다.

공자는 그 이름을 싫어해서 그렇게 행동한 것이다.

〔영윤(令尹)이 되어도 기쁘지 않고 퇴임하여 밭을 갈아도 근심하지 않았다. 이는 손숙오(孫叔敖)의 덕이었다.

공자는 승모(勝母)땅에 이르러서는 날이 저물어도 숙박을 하지 않았으며 도천(盜泉)을 지날 때에는 목이 마르더라도 물을 마시지 않았다. 그 이름을 싫어해서였다.〕

爲令尹[1]而不喜 退耕而不憂 此孫叔敖[2]之德也
孔子至於勝母[3] 暮矣而不宿 過於盜泉[4] 渴矣而不飮 惡其名也

1) 令尹(영윤) : 춘추시대(春秋時代) 초(楚)나라 재상의 칭호
2) 孫叔敖(손숙오) : 초나라의 재상. 손숙오가 어렸을 때 양두사(兩頭巳)를 보았는데 양두사를 보면 사람이 죽는다고 하여 죽여서 묻고 집에 와서 울었다고 하는 고사가 있다.
3) 勝母(승모) : 땅 이름인데 지명이 '어머니를 이기다'로 불효의 뜻이 들어 있다.
4) 盜泉(도천) : 이 샘물을 마시면 도둑이 된다는 설화가 있다.

38. 효자는 하루 저녁에 다섯 번 일어난다

공자의 제자인 증자(曾子)는 매일 『상례(喪禮)』를 읽었는데 읽을 때마다 눈물을 흘리며 옷깃을 적셨다.

효도는 자신이 하루 저녁에 다섯 번씩 잠자리에서 일어나서 부모의 의복이 두꺼운가 얇은가를 살피며 베개가 높은가 낮은가를 보살피는 것으로 이것은 그 어버이를 사랑하는 것이다.

춘추시대 노(魯)나라 사람 가운데 효자가 있었다. 이 효자는 세번 싸움에 나가서 부모를 위하여 세번이나 패배하였다.

노나라 사람들이 일컫기를 "저 효자가 싸우면 그의 부모를 해칠 것이요, 싸우지 않으면 욕보이고 고달퍼지리니 차라리 두번 항복한 것만 같지 못하리라." 하였다.

〔증자(曾子)가 매일 상례(喪禮)를 읽고 눈물을 흘리며 옷깃을 적셨다.
　효도는 내 몸이 하루 저녁에 다섯 번 일어나서 옷의 두껍고 얇은가 베개의 높고 낮은가를 보는 것이다. 그 어버이를 사랑하는 것이다.
　노나라에 효자가 있었는데 세 번을 어머니를 위하여 싸움에 패배하였다. 노나라 사람들이 칭하기를 그들과 싸우면 어버이를 해치게 되고 싸우지 않으면 고달퍼진다. 두 번 항복한 것만 같지 못하리라.〕

曾子[1] 每讀喪禮[2] 泣下霑襟
孝己一夕五起 視衣之厚薄 枕之高卑 愛其親也
魯人有孝者 三爲母北[3] 魯人稱之 彼其鬪則害親 不鬪則辱贏矣 不若兩降之

1) 曾子(증자) : 이름은 삼(參). 증석(曾晳)의 아들로 부자(父子)가 다 공자의 제자이다. 공자에게 효도(孝道)로써 인정을 받아 『효경(孝經)』과 『대학(大學)』 등을 지었다.
2) 喪禮(상례) : 사람이 죽으면 행하는 예절.
3) 北(패) : 패배하다. 싸움에 지다.

39. 호랑이를 보면 잡고 용을 보면 활로 쏜다

한치(韓雉)라는 사람이 노(魯)나라에서 신양(申羊)이라는 사람을 만나고 있었는데 그때 용(龍)이 기수(沂水)에서 물을 마시고 있었다.

한치가 말하기를

"내가 듣건대 밖에 나가서 호랑이를 보면 때려 잡고 용을 보면 활로 쏘라고 했다. 지금 용을 보고도 활로 쏘지 않는다면 내가 들은 것을 행동에 옮기지 않는 것이다."

라고 하고는 드디어 용을 활로 쏘았다.

초(楚：荊)나라의 장왕(莊王)이 양유기(養由基)에게 명령하여 잠자리를 활로 쏘라고 했다. 그러면서 왕이 말하기를

"그 잠자리를 살아 있는 채로 잡고 싶다."

고 하였다. 양유기가 활을 당겨서 잠자리를 쏘았는데 잠자리의 왼쪽날개가 꺾였다. 이에 장왕이 크게 기뻐하였다.

부마기(駙馬其)가 초(楚)나라 왕을 위하여 파(巴)땅에 사신으로 갔었다.

가는 도중에 짐주(酖酒)를 등에 맨 사람을 보았는데 무엇이냐고 물으니 그 자가 말하기를

"나는 짐주를 만드는 사람으로 이것은 짐주이다."

하였다. 이에 부마기는 그것을 다 사겠다고 청하였는데 돈이 부족하여 자신이 타고 있던 수레와 마차까지 보태서 주고 짐주를 다 샀다. 그렇게 산 짐주를 가져다 강물에 모두 쏟아부어 버렸다.

〔한치(韓雉)가 신양(申羊)을 노나라에서 만났는데 기수(沂水)에서 용(龍)이 물을 마시고 있었다. 한치가 이르기를 "내가 듣기로는 나가서 호랑이를 보면 잡고 용을 보면 활로 쏜다고 하였다. 지금 쏘

지 않으면 내가 들은 것을 행동으로 옮기지 못하는 것이다." 하고 드디어 쏘았다.

형(荊)나라 장왕(莊王)이 양유기(養由基)에게 명령하여 잠자리를 쏘라고 하면서 왕이 이르기를 "나는 산채로 잡기를 바란다." 하였다. 양유기가 활을 당겨 쏘았는데 왼쪽날개를 떨어뜨렸다. 왕이 크게 기뻐하였다.

부마기(駙馬其)가 형왕(荊王)을 위하여 파(巴)땅에 사신으로 갔다가 짐새독을 등에 맨 사람을 보았다. 묻기를 무엇이냐고 하니 대답하기를 짐새독 만드는 사람이라 하였다. 이에 구매하기를 청하였는데 돈이 부족하여 타고 있는 수레와 말까지 주고 짐새독을 사서 강에다 쏟아버렸다.]

韓雉[1] 見申羊[2] 於魯 有龍飮於沂 韓雉曰 吾聞之 出見虎搏之 見龍射之 今弗射是不得行吾聞也 遂射之

荊莊王[3] 命養由基[4] 射蜻蛉[5] 王曰 吾欲生得之 養由基援弓射之 拂左翼焉 王大喜

駙馬其[6] 爲荊王使於巴[7] 見擔酖[8]者 問之 是何以 曰所以酖人也 於是請買之 金不足又益之車馬 已得之盡注之於江

1) 韓雉(한치) : 사람 이름. 자세한 기록이 없다.
2) 申羊(신양) : 사람 이름.
3) 荊莊王(형장왕) : 형은 초(楚)나라의 별칭(別稱). 장왕은 오패의 한 사람.
4) 養由基(양유기) : 초나라 장왕의 신하인 듯하다.
5) 蜻蛉(청령) : 잠자리과에 속하는 곤충. 해충을 잡아먹는 익충(益蟲).
6) 駙馬其(부마기) : 초나라 신하. 누구인지 자세한 기록이 없다.
7) 巴(파) : 사천성(四川省)의 중경(重慶)지방.

8) 酖(짐) : 짐새. 독성이 강한 새. 이 새의 깃털로 담은 술을 사람이 먹
   으면 죽는다.

40. 비단옷을 두고 이웃의 떨어진 옷을 도둑질하다

초(楚)나라에 공수반(公輸般)이라는 사람이 하늘을 덮는 사다리를 만들고 있었다. 하늘을 덮는 사다리가 완성이 되면 앞으로 송(宋)나라를 침략하려는 계획이었다.

묵자(墨子)가 이 소식을 듣고 초나라로 향했는데 밤과 낮을 가리지 않고 계속 달려서 열흘만에 초나라의 수도인 정(郢)땅에 도착하였다.

묵자는 도착하자마자 공수반을 만났다.

묵자가 공수반을 보고 말하기를

"그대가 하늘을 덮는 사다리를 만들어 장차 송(宋)나라를 공격하려고 한다는데 송나라가 무슨 죄가 있습니까. 죄가 없는데도 공격하는 것은 인(仁)하다고 할 수 없는데 어찌 중지하지 않습니까."

하니, 공수반이 말하기를

"그렇게 할 수가 없습니다. 왜냐하면 왕에게 이미 말씀드렸기 때문입니다."

하였다. 이에 묵자가 말하기를

"어찌 내가 왕을 만나볼 수 있도록 주선해 주지 않습니까."

하니, 공수반이 말하였다.

"좋습니다."

이에 묵자가 초(楚)나라 왕을 만나보고 말하기를

"지금 이곳에 한 사람이 있는데 이 사람은 자신의 아름다운 수레를 놓아두고 이웃에 망가진 수레가 있는 것을 보고 도둑질 하고자 하고, 자신의 비단으로 수놓은 아름다운 옷을 두고도 이웃에 거친 무명옷으로 짠 옷이 있는 것을 보고 도둑질 하고자 하며, 자신의 고량진미를 놓아두고 이웃에 술찌끼가 있는 것을 보고 도둑질 하고자 한다면 이러한 사람을 어떤 사람같다고 볼 수 있습니까."

하였다. 이에 초나라 왕이 말하기를

"이러한 사람은 도둑질 하는 병이 있는 것이다."

하니, 묵자가 말하기를

"초(楚 : 荊)나라의 땅은 사방으로 5천리이고 송(宋)나라의 땅은 사방으로 5백리입니다. 이것은 아름다운 수레와 망가진 수레의 비유와 같습니다.

초나라의 운몽(雲夢)땅에는 물소나 외뿔소 암사슴 숫사슴들이 가득차 넘쳐나고 장강(長江)이나 한수(漢水)에는 물고기 자라 등이 가득 메워져 풍요로운데 송나라에는 꿩이나 토끼 붕어조차도 없습니다. 이것은 고량진미와 술찌끼의 비유와 같습니다.

초나라에는 큰소나무 개오동나무 편(楩)나무 녹나무 예장(豫章)나무가 있는데 송나라에는 큰나무가 하나도 없습니다. 이것은 비단에 수놓은 옷과 무명베옷의 비유와 같습니다.

신(臣 : 묵자)은 왕께서 송나라를 공격하는 것이 이와 같은 동류가 되지 않을까 생각됩니다."

하니, 초나라 왕이 말하기를

"좋은 말이다."

하고는 송나라를 공격하지 말라고 청하였다.

〔공수반(公輸般)이 하늘을 덮는 사다리를 만들었는데 그 사다리가 완성되어 장차 송(宋)나라를 공격하려고 하였다. 묵자(墨子)가 이를 듣고 초(楚)로 달려 가는데 10일 낮 10일 밤을 가서 정(郢)에 이르러 공수반을 찾아보고 묻기를 "그대가 사다리를 만들어 장차 송(宋)나라를 공격하려 한다는데 송(宋)나라가 무슨 죄가 있습니까. 아무런 죄가 없는데 공격하는 것은 가히 인(仁)하다고 말할 수 없는데 어찌 중지하지 않습니까." 하니, 공수반이 말하기를 "불가합니다. 내가 이미 왕에게 말씀드렸습니다." 하였다. 이에 묵자가 말하기를 "어찌 나를 왕에게 보이지 않습니까." 하니, 공수반이 말하였다. "좋습니다." 묵자가 초나라 왕을 만나보고 말하기를 "지금 이곳에 사람이 있는데 그 아름답게 꾸민 수레를 두고 이웃의 망가진 수레를 도둑질 하고자 하고, 그 수놓인 비단옷을 두고 이웃의 떨어진 갈포를 도둑질 하고자 하고, 그 고량진미를 두고 이웃의 술찌끼를 도둑질 하고자 하는데 이러한 사람을 무엇이라고 합니까." 하니, 왕이 말하기를 "이는 도둑의 병이 있는 것이다." 하였다. 이에 묵자가 말하기를 "형(荊)의 땅은 사방 5천리인데 송(宋)의 땅은 사방 5백리이므로 이것이 아름다운 수레와 망가진 수레와 같은 것이요, 형에는 운몽(雲夢)에 물소 외뿔소 사슴들이 가득 넘치는데다 장강과 한수에 물고기 자라 등이 천하에 넉넉한데 송에는 꿩 토끼 붕어도 없습니다. 이것은 고량진미와 술찌끼와 같은 것이요, 형에는 긴소나무 문재와 편담과 예장이 있는데 송에는 큰나무도 없습니다. 이것은 수놓인 비단옷과 갈포옷과 같은 것입니다. 신(臣)은 왕께서 송(宋)을 공격하는 것은 이와 같은 부류라 하겠습니다." 하니, 형왕이 "좋은 말이다." 라고 하고는 송나라를 공격하지 못하도록 하였다.〕

公輸般[1]爲蒙天之階 階成 將以攻宋 墨子[2]聞之 赴於楚 行十日十夜而至於郢[3] 見般 曰 聞子爲階 將以攻宋 宋何罪之有 無罪而攻之不可謂仁 胡不已也 公輸般曰 不可 吾旣以言之王矣 墨子曰 胡不見我於王 公輸般曰 諾 墨子見楚王曰 今有人於此 舍其文軒 隣有敝輿而欲竊之 舍其錦繡 隣有短褐[4]而欲竊之 舍其梁肉[5] 隣有糟糠而欲竊之 此爲何若人 王曰 此爲竊疾耳 墨子曰 荊之地方五千里 宋之地方五百里 此猶文軒之與敝輿也 荊有雲夢[6] 犀兕麋鹿盈溢 江漢之魚鼈黿鼉爲天下饒 宋所謂無雉兔鮒魚者也 猶梁肉之與糟糠也 荊有長松文梓楩柟豫章[7] 宋無長木[8] 此猶錦繡之與短褐也 臣以王之攻宋也 爲與此同類 王曰 善哉 請無攻宋

1) 公輸般(공수반) : 초(楚)나라 장수로 공격의 명수.
2) 墨子(묵자) : 묵적(墨翟). 전국시대 송(宋)나라의 사상가. 겸애(兼愛), 숭검(崇儉), 비공(非攻) 등의 설을 주창하였으며 전국시대 유가(儒家)와 함께 칭할 정도로 묵가(墨家)를 창시한 사상가.
3) 郢(정) : 초나라의 수도 서울.
4) 短褐(단갈) : 무명베로 만든 옷. 허름한 옷.
5) 梁肉(양륙) : 기름진 고기. 곧 고량진미.
6) 雲夢(운몽) : 초나라의 땅 이름.
7) 梓楩柟豫章(재편담예장) : 재는 개오동나무, 편나무, 담은 녹나무, 예장도 아름다운 나무.
8) 長木(장목) : 큰 나무.

41. 제(齊)나라 송(宋)나라의 괴이한 사람들

전국시대 제(齊)나라에 전과(田果)라는 사람이 있었다. 그는 개이름을 '부자'라고 지었고 아들 이름은 '즐겁다'로 지었다.

어느날 전과가 제사를 지내려고 하는데 개가 방안으로 들어왔다. 전과가 "부자가 나왔다"고 소리 지르니 제사를 지내는 축문관이 "상서롭지 않은 일이다." 하였다.

집안에 과연 큰 재앙이 닥쳐서 어느날 전과의 큰아들이 죽었다. 전과가 울며 부르짖기를 "즐거운 놈아 즐거운 놈아" 하였다. 이것은 슬픈 것 같지가 않았다.

전국시대 송(宋)나라에 공감피(公歛皮 : 공적으로 가죽을 준다)라는 사람이 있었다.

공감피가 시장에 갔다가 돌아와서 "나는 '공감피'다"라고 큰 소리로 집안 사람들에게 알렸다. 이를 듣고 도살하는 사람이 문득 그 가죽을 거두어갔다.

이일(夷逸 : 평안하고 안락하다)이라는 사람은 이궤저(夷詭諸)의 후예였다. 어떤 사람이 이일에게 조정에 나아가 벼슬을 하라고 권하였다.

이 말을 듣고 이일이 말하였다.

"나를 비유한다면 소와 같다. 차라리 멍에를 걸머지고 밭을 갈지언정 수놓은 옷을 입고 종묘에 들어가 희생물이 되는 것은 차마 하지 못한다."

초(楚)나라의 광접여는 방성(方城)땅에서 밭 갈이 하면서 살았다.

세상을 피해 숨어사는 사람은 서향조(西鄕曹)이다.
만구씨(曼邱氏)가 있다.
북문자(北門子)가 있다.

〔제(齊)나라에 전과(田果)라는 사람이 있었다. 개를 '부자'라고 명명하고 아들을 '즐겁다'고 명하였다. 전과가 장차 제사를 지내고자 하는데 개가 방안으로 들어왔다. 전과가 '부자가 나왔다'고 부르짖었다. 축관(祝官)이 '상서롭지 않다'고 했다. 전과의 집이 과연 큰 재앙이 있어 큰아들이 죽었다. 전과가 곡을 하기를 '즐겁구나'하였다. 슬픔같지 아니하다.

송(宋)나라 사람에 공감피(公歛皮)라는 사람이 있었다. 시장에 갔다가 돌아와서 '공감피다'라고 소리를 질렀다. 짐승을 잡는 사람이 문득 그 가죽을 거두었다.

이일(夷逸)이라는 사람은 이궤저(夷詭諸)의 후예이다. 어떤이가 이일에게 벼슬을 하라고 권하였다. 이에 이일이 말하였다. "나를 비유하면 소와 같다. 차라리 멍에를 이고 밭을 갈지언정 비단옷을 입고 종묘에 들어가 희생물이 되는 것은 차마 하지 못한다."

초(楚)나라 광접여(狂接輿)는 방성(方城)에서 밭을 갈았다.
숨어사는 사람은 서향조(西鄕曹)이다.
만구씨(曼邱氏)가 있다.
북문자(北門子)도 있다.〕

齊有田果[1]者 命狗曰富 命子爲樂 將欲祭也 狗入室 果呼之曰 富出 巫[2]曰 不祥也 家果大禍 長子死 哭曰 樂乎 而不似悲也
宋人有公歛皮[3]者 適市反 呼曰公歛皮 屠者遽收其皮

夷逸[4]者 夷詭諸[5]之裔 或勸其仕 曰 吾譬則牛也 寧服軛[6]以耕於野 不忍被繡入廟而爲犧[7]

楚狂接輿[8]耕於方城[9]

隱者西鄕曹[10]

曼邱氏[11]

北門子[12]

1) 齊有田果(제유전과) : 전국시대 제나라의 전과(田果)라는 사람.

2) 巫(무) : 축을 담당하는 사람.

3) 公敾皮(공감피) : 공적으로 가죽을 주다의 뜻이며 송(宋)나라 사람의 이름이다.

4) 夷逸(이일) : 오랑캐 나라에 일(逸)이라는 사람. 이(夷)는 평안하다, 일(逸)은 안락하다의 뜻.

5) 夷詭諸(이궤저) : 오랑캐 나라의 선조 이름이다.

6) 軛(액) : 수레에 있는 수레의 멍에를 매는 것.

7) 犧(희) : 제사 때 제물로 바치는 공물(貢物).

8) 楚狂接輿(초광접여) : 초나라 사람 광접여(狂接輿)를 말한다.

9) 方城(방성) : 땅 이름.

10) 西鄕曹(서향조) : 사람 이름인데 기록이 자세하지 않다.

11) 曼邱氏(만구씨) : 누구인지 자세하지 않다.

12) 北門子(북문자) : 어느 시대 사람인지 확실하지 않다.

42. 조금을 굽혀서 크게 곧게 한다

공자가 말하였다.

"한 치쯤 자신을 굽혀서 한 자쯤의 자신의 포부를 펼 수 있고

아주 조금 자신의 몸을 굽혀서 아주 많이 자신을 곧게 할 수 있
다면 나는 그런 행동을 한다."

〔공자가 말하기를 "한 치를 굽혀서 한 자를 펴고 조금을 굽혀서
크게 곧게 하는 것을 나는 한다." 하였다.〕

孔子曰 詘寸而信尺 小枉而大直 吾爲之也

43. 복(福)은 무거운 것을 취한다

성인(聖人)은 복(福)을 가져다 줄 일을 가지고 저울질하면 무
거운 것을 골라 행하고 재앙을 가져올 일을 가지고 저울질하면
가벼운 것을 골라 행하는 것이다.

군자는 자신의 재주를 헤아려 보아 적당하다고 생각하면 관직
을 맡고 공로의 많고 적은 것을 헤아려 봉록을 받는다.

벼슬살이에 능숙한 사람은 반드시 자신에게 알맞는 일을 한다.
도(道) 지키는 것을 진실로 다하면 왕(王)이 되거나 공(公 : 공
작의 직위)이 되는 것도 가볍게 여긴다.

담장이 낮으면 도둑이 들어오는 것이요, 영화로운 것이나 치욕
스러운 것은 안으로부터 나오는 것이요, 공경받고 수모를 당하
는 것은 밖으로부터 말미암아 생겨나는 것이다.

〔성인(聖人)은 복을 저울질하면 무거운 것을 취하고 재앙을 저울
질하면 가벼운 것을 취한다.

군자(君子)는 재주를 헤아려 벼슬을 받고 공로를 헤아려 녹을 받

는다.

벼슬에 능란한 자도 반드시 일도 알맞게 한다.

도를 지키는 것을 진실로 다하면 왕(王)이나 공(公)도 가벼이 여긴다.

담이 낮으면 도둑이 들어오고 영화와 치욕은 안으로부터 나오고 공경과 수모는 밖으로부터 생긴다.]

聖人權福[1]則取重 權禍則取輕
君子量才而受爵 量功而受祿
能官者必稱事
守道固窮 則輕王公
卑牆來盜 榮辱由中出 敬侮由外生

1) 權福(권복) : 권은 저울질하다. 복(福)의 경중을 달다.

44. 덕으로써 원수를 갚는 것은

입에서 나오는 말이 아름다우면 메아리도 아름답고 입에서 나오는 말이 거칠면 메아리도 거칠다.

자신의 키가 크면 그림자도 따라서 길고 자신의 키가 작으면 그림자도 짧다.

이름이라는 것은 메아리인 것이요, 행동이라는 것은 그림자라 할 수 있다. 그러므로 신중하게 말을 하면 화락한 것이 있는 것이요, 신중하게 행동하면 자신을 따르는 사람이 있게 마련이다.

대저 용문(龍門)은 물고기가 오르기 어려운 곳이요, 태항산(太行山)은 소가 다니기 어려운 곳이다. 이와 같이 덕행으로써 원망을 받은 것을 갚는다는 것은 사람이 행동하기 어려운 것이다.
 높이 쌓여 있는 곳에는 오르지 않는 것이요, 높은 누대에는 살지 않는 것이다. 천장이 높은 방안에는 양기가 많이 있고 너무 넓은 방안에는 음기가 많은 것으로 다 사람이 거처하지 않는 것이다.
 하늘의 귀신을 '신령'이라고 하고 땅의 귀신을 '땅귀신'이라고 하고 사람의 귀신을 '귀신'이라고 한다.
 '귀신'이라는 것은 돌아가는 것이다. 그러므로 옛날에는 죽은 사람을 '돌아간 사람'이라고 하였다.

 〔말이 아름다우면 울리는 소리도 아름답고 말이 거칠면 울리는 소리도 사나우며 몸체가 길면 그림자도 길고 몸체가 짧으면 그림자도 짧다. 이름이라는 것은 메아리이며 행동이라는 것은 그림자이다. 그러므로 신중하게 말하면 장차 화평함이 있고 신중하게 행동하면 장차 따르는 사람이 있다.
 대저 용문(龍門)이란 물고기가 오르기 어려운 곳이요, 태항산(太行山)은 소가 다니기 어려운 곳이다. 덕으로써 원망을 갚는 것은 사람이 하기 어려운 것이다.
 두텁게 쌓아둔 곳은 오르지 아니하고 높은 누대는 거처하지 않으며 높은 실내는 햇빛이 많고 넓은 방안은 음기가 많은 것으로 다 살지 않는 것이다.
 천신(天神)을 영(靈)이라고 하고 지신(地神)을 지(祇)라고 하고 인신(人神)을 귀(鬼)라고 한다. 귀신이라는 것은 돌아가는 것이다. 그러므로 옛날에는 죽은 사람을 귀인(歸人)이라고 했다.〕

言美則響¹⁾美 言惡則響惡 身長則影長 身短則影短 名者響
也 行者影也 是故愼而言 將有和之 愼而行 將有隨之
　夫龍門 魚之難也 太行 牛之難也 以德報怨 人之難也
　厚積不登 高臺不處 高室多陽 大室多陰 故皆不居
　天神曰靈 地神曰祇 人神曰鬼 鬼者 歸也 故古者謂死人爲歸人
1) 響(향) : 메아리. 울림.

45. 인생이란 하늘과 땅 사이에 의탁해 사는 것
노래자(老萊子)라는 효자가 말하였다.
"인생이란 하늘과 땅 사이에 태어나서 의탁하여 사는 것이다. 이 의탁하여 산다는 것은 진실로 돌아간 것이다."

〔노래자(老萊子)가 말하기를 "사람이 하늘과 땅 사이에 태어나 붙어있는 것이다. 붙어있는 것은 진실로 돌아간 것이다." 하였다.〕

　老萊子¹⁾曰 人生於天地之間 寄也 寄者 固歸也
1) 老萊子(노래자) : 초(楚)나라의 어진 사람. 중국의 24효자 중의 한 사람. 70세에도 어린아이 옷을 입고 어린아이같은 장난을 하여 어버이를 즐겁게 하였다. 황로(黃老)의 학을 배워 벼슬도 하지 않고 『노래자』 15권을 지었다.

46. 죽는 것은 없어지는 것이다
사람이 산다는 것은 존재하는 것이요, 죽는다는 것은 이 세상에서 없어지는 것이다.

사람이 이 세상에 산다는 것은 한 순간이다. 세월이 가는 것 또한 신속한 것이다.

앞서간 왕들을 모신 사당에 제사지내는 예절은 천자(天子)는 사방의 끝닿는 곳까지 제사를 지내고 제후는 산과 큰 강에 제사를 지내고 대부는 5대까지의 선조에게 제사를 지내고 선비는 그의 부모에게 제사를 지낸다.

〔그 사는 것은 존재하는 것이요, 그 죽는 것은 없어지는 것이다.

사람이 사는 것은 또한 잠시요, 한 해가 가는 것 또한 빠르다.

선왕(先王)의 사당에 제사지내는 예(禮)는 천자는 사극(四極)에 제사지내고 제후는 산과 내에 제사지내고 대부는 오사(五祀)에 제사지내고 사(士)는 그 어버이에게 제사지낸다.〕

其生也存 其死也亡
人生也亦少矣 而歲往之亦速矣
先王之祠禮[1]也 天子祭四極[2] 諸侯祭山川 大夫祭五祀[3] 士祭其親也

1) 祠禮(사례) : 천지 사방의 신에게 제사를 올리는 예절.
2) 四極(사극) : 동서남북(東西南北)의 끝닿은 곳.
3) 五祀(오사) : 아버지, 할아버지, 증조할아버지는 방안에 모시고 고조할아버지와 5대조 할아버지는 밖에서 모시는 제사를 뜻한다.

47. 우수에 젖은 사람이 북을 치면 소리도 슬프다

악기가 내는 소리는 그 악기를 다루는 사람이 화가 나서 다루면 굳세게 들리고 우수에 젖은 사람이 다루면 슬프게 들리며 기쁨에 충만한 사람이 다루면 즐겁게 들린다.

그 마음의 변화에 따라서 그 소리도 변화를 일으키는 것이다.

마음이 진실한 감동을 일으키면 그 감동이 쇠나 나무 등으로 만들어진 악기에까지 도달하게 된다. 감정이 없는 악기에 있어서도 그러하거늘 감정이 있는 사람에게 정성을 다한다면 악기보다도 더할 것이다.

대개 큰 거문고란 25줄로 되어 있다. 이것을 무뢰한이 다루면 웃음거리가 된다.

그러나 현명한 사람이 마음의 진정을 다하여 다루면 즐겁고자 하면 즐거워지고 슬프고자 하면 슬퍼진다. 비록 포악한 군주가 있다고 하더라도 현자의 음악에 감화되어 그 사나운 것을 잊을 것이다.

한아(韓娥)가 부르는 요량(繞梁)의 노래소리나 허사(許史)가 두드렸던 북소리는 음악이 아니었던 것이 아니다. 묵자는 그것들이 인간의 의(義)를 해치는 것으로 여겼기 때문에 그 음악이나 북소리를 듣지 않았을 뿐이다.

상용(商容)이 춤을 추고 묵자가 생황을 불었다고 했다. 묵자는 음악을 그르다고 했지만 그에게 있어서도 이와 같이 음악이 있었던 것이다.

〔종(鐘)과 북(鼓)의 소리는 화가 나서 두드리면 굳세지고 우수에 젖어 두드리면 슬퍼지고 기쁜 사람이 두드리면 즐거워진다. 그 의미의 변화에 따라 그 소리가 또한 변하며 뜻이 진실로 느껴지며 쇠나 돌에까지도 전달되는데 하물며 인간에게 있어서랴.

대저 큰 거문고는 25줄인데 그 하인이 타면 웃음거리가 되고 어진 사람이 의로운 마음으로 타면 즐거워하고자 하면 즐겁고 슬퍼하고자 하면 슬퍼지며 비록 사나운 임금이 있을지라도 변화되게 만들 수 있다.

요량(繞梁)의 울림과 허사(許史)의 북은 즐겁지 않은 것이 아니었다. 묵자(墨子)가 의를 상하게 한다고 한 것으로 듣지 않았을 뿐이다.

상용(商容)이 춤을 보이고 묵자(墨子)가 생황을 불었다. 묵자는 음악을 그르다고 했는데 묵자도 음악을 둔 것이 이것이다.〕

鐘鼓[1]之聲　怒而擊之則武　憂而擊之則悲　喜而擊之則樂　其意變　其聲亦變　意誠感之　達於金石[2]　而況於人乎

夫瑟二十五絃　其僕人鼓之　則爲笑　賢者以其義鼓之　欲樂則樂　欲悲則悲　雖有暴君　爲之立變

繞梁[3]之鳴　許史[4]鼓之　非不樂也　墨子以爲傷義　故不聽也

商容[5]觀舞　墨子吹笙　墨子非樂　而於樂有是也

1) 鐘鼓(종고) : 종과 북인데 악기의 총칭(叢稱)이기도 하다.
2) 金石(금석) : 쇠와 돌인데 악기의 별칭(別稱)이다.
3) 繞梁(요량) : 한아(韓娥)라는 유명한 음악가가 옛날에 있었는데 이 사람이 음악을 연주하면 그 여음(餘音)이 3일 동안이나 주위를 빙빙돌며 사라지지 않았다는 『열자(列子)』에 실린 이야기로 노래소리가 절묘한 것

을 이른 말이다.
4) 許史(허사) : 북을 잘 두드렸다는 사람. 누구인지 자세하지 않다.
5) 商容(상용) : 주(紂)왕시대의 무용가.

48. 둘 더하기 다섯도 잘 알지 못한다

황제(黃帝) 때의 요리사인 유아(兪兒)가 요리를 만들 때 생강과 계피로써 음식의 맛을 맞추어 임금을 위한 최고의 요리를 만들었다.

하늘 위에 기러기나 고니가 오락가락할 때 활을 당기고 쇠뇌를 당겨 지금 쏠까 조금있다 쏠까 하며 중심을 겨냥하고 있는 사람에게 둘 더하기 다섯을 질문하면 '알지 못한다'고 대답한다. 그것은 둘 더하기 다섯이 계산하기가 어려워서가 아니다.

기러기를 잡는 데에 그 사람의 모든 정신이 집중되어 한 곳으로 쏠려 있기 때문이다.

아름다운 수레를 여섯 마리의 준마가 끄는 것도 네 치 밖에 안되는 아주 작은 열쇠가 없다면 수레를 사용할 수가 없다. 조그마한 것을 잃어버리면 큰 것이 이루어질 수 없다는 교훈이다.

물은 돌에 구멍을 뚫는 기구가 아니지만 물이 돌 위에 계속 떨어지면 구멍이 패이고 먹줄이 나무를 톱질하는 것은 아니지만 나무에 먹줄이 쳐지면 나무가 톱질을 당한다.

예리한 송곳이 네모난 구멍을 파는 끌만 같지 못하다.

물 위에서 칼을 시험할 때에는 고니나 기러기를 쳐 보고 육지에서 칼을 시험할 때에는 소나 말을 잘라 보는데 이것으로 '좋은 칼'이라는 것을 증명해 보이는 것이다.

곤오(昆吾)지방에서 나는 칼은 옥(玉)도 끊을 수 있다고 했다.

〔유아(兪兒)가 요리를 만드는데 강계로써 맛을 맞혔고 임금을 위한 최고의 음식이었다.

기러기나 고니가 위에 있을 때는 활을 당기고 쇠뇌를 당겨 기다리며 쏠까 말까 할 때에 둘 다섯을 물으면 알지 못한다. 둘 다섯이 계산하기 어려워서가 아니다. 기러기에게 마음이 어지럽혀졌기 때문이다.

아름다운 수레는 여섯 준마인데 네 치의 열쇠를 쓰지 아니하면 수레가 움직이지 못한다. 조그마한 것이 없으면 큰 것이 이루어지지 않는다.

물이 돌을 뚫을 수 있는 것이 아니요, 먹줄이 나무의 톱은 아니다.

예리한 송곳이 네모난 끌만 같지 못하다.

물 위에서 시험할 때는 기러기나 고니를 자르고 육지에서 시험할 때는 소와 말을 잘라 좋은 칼인가 본다.

곤오(昆吾)의 칼은 가히 써 옥(玉)을 자른다.〕

膳兪兒[1]和之以薑桂 爲人主[2]上食

鴻鵠在上 扞弓彀弩[3]以待之 若發若否[4] 問二五 曰 不知也 非二五之難計也 欲鴻之心亂之也

文軒六駃[5] 題無四寸之鍵 則車不行 小亡則大者不成也

水非石之鑽 繩非木之鋸

利錐不如方鑿

水試斷鵠雁 陸試斷牛馬 所以觀良劒也

昆吾[6]之劒 可以切玉

1) 兪兒(유아) : 중국 황제(黃帝)시대의 일류 요리사.
2) 人主(인주) : 군주. 임금.
3) 扞弓毃弩(한궁구노) : 활을 당기고 쇠뇌를 당기다. 쇠뇌는 활의 일종으로 여러 발을 쏠 수 있는 것.
4) 若發若否(약발약부) : 목표물을 겨냥하고 지금 쏠까 말까 하는 중요한 순간.
5) 六駃(육결) : 왕의 수레를 끄는 여섯 마리의 준마.
6) 昆吾(곤오) : 나라 이름. 곤오에서는 좋은 칼이 많이 난다고 했다.

49. 삼강(三江)과 오호(五湖)를 넘어서 옥을 구했다

옥(玉)이라는 것은 사람들이 귀하게 여기며 갖고 싶어 하는 것이다. 그런데 옥이라는 것은, 빛깔은 흰눈처럼 하얗지 못하고 인간에게 혜택을 주는 것은 비가 주는 혜택보다 못하고 윤택한 것은 짐승의 지방에서 나온 기름보다 못하고 광채는 촛불처럼 환하지 못한데도 옥을 가지는 것은 매우 어렵다.

송강(松江), 누강(婁江), 동강(東江)의 세 강과 다섯 호수를 넘어서 가면 곤륜산에 이른다. 천사람이 가면 다 죽고 백사람만이 돌아오고 백사람이 가면 다 죽고 열사람만 다다른다.

중국에서 10만명의 군사를 전복시키고 3천번의 포위를 뚫고 얻는 것이다.

길한 옥(玉)은 대구(大龜)라고 한다.

옥연(玉淵)이라는 연못 속에는 검은용이 있는데 용이 정기를 축적시켜 턱 아래에 구슬을 만들어 놓았다고 했다.

정(程 : 표범)이란 동물은 중국에서는 표범이라고 하고 월나라 사람들은 맥(貊)이라고 이름한다.
거허(距虛)라는 짐승은 아무런 땅에서나 잘 달린다.
기마(驥馬)의 털 하나만 보고는 그 형상이 어떻게 생겼는지를 알 수 없으며 그림의 한 가지 색만 보고는 그 그림의 아름다운 것을 알 수 없다.

〔옥이라는 것은 빛은 흰눈과 같지 못하고 혜택은 비만 같지 못하고 윤택은 기름과 같지 못하고 빛나는 것은 촛불과 같지 못한데 옥을 취하기가 심히 어렵다. 삼강(三江)과 오호(五湖)를 넘고 곤륜산(崑崙山)에 이르러 천사람이 가면 백사람만 돌아오고 백사람이 가면 열사람만이 이르는데 중국에서 10만의 군사를 덮어서 3천번의 포위를 풀었다.
길옥(吉玉)은 대구(大龜)라고 한다.
옥연(玉淵)의 가운데 여룡(驪龍)이 쌓아놓은 턱아래에 '구슬'이 있다.
정(程)은 중국에서는 표(豹)라고 하고 월(越)나라 사람들은 맥(貊)이라고 한다.
거허(距虛)는 땅을 가리지 않고 달린다.
기마(驥馬)의 한 털을 보고 그 형상을 알지 못하고 그림의 한 색만을 보고 그 아름다움을 알지 못한다.〕

玉者 色不如雪 澤不如雨 潤不如膏 光不如燭 取玉甚難 越三江五湖 至崑崙之山 千人往 百人反 百人往 十人至 中國覆十萬之師 解三千之圍
吉玉大龜

216 시자(尸子)

玉淵¹⁾之中 驪龍²⁾蟠焉 頷下有珠也
程³⁾ 中國謂之豹 越人謂之貘
距虛⁴⁾ 不擇地而走
見驥⁵⁾一毛 不知其狀 見畫一色 不知其美

1) 玉淵(옥연) : 옥으로 된 연못의 이름.
2) 驪龍(여룡) : 검은 용.
3) 程(정) : 표범의 이칭(異稱).
4) 距虛(거허) : 무슨 짐승인지 잘 모른다. 달리기를 잘하는 짐승인 듯함.
5) 驥(기) : 하루에 천리를 달린다는 천리마.

50. 쥐를 잡는 데는 소보다 고양이가 낫다

소를 잡는 백정은 살점을 떼어내면서 그 소의 장단점을 파악하고 활을 만드는 사람은 힘줄을 벗기면서 소의 장단점을 파악하며 뼈를 다루는 사람은 뼈를 재단하면서 소의 장단점을 파악한다. 이 세 사람들은 각각의 자신이 가진 특유의 기술로써 구분하는 것이다.

소를 부려서 쥐를 잡는 것은 고양이나 살쾡이가 쥐를 잡는 것의 빠른 행동에 미치지 못한다.

큰 소를 순(犉)이라고 하는데 그 몸체의 길이가 일곱 자나 되며 큰 양을 침(羬)이라고 하는데 그 몸체의 길이가 여섯 자나 되고 큰 돼지를 액(豟)이라고 하는데 그 몸체의 길이가 다섯 자나 된다.

다섯 자나 되는 큰 개는 유(猶)라고 한다.

양은 소금 실은 수레를 끌지 못하고 서까래는 문미나 용마루가 될 수 없는 것이다.
　전쟁이란 닭싸움과 같은 것으로 이긴 사람이 먼저 소리지르는 것이다.
　양주(揚州)땅의 닭들은 털이 없이 맨살이다.
　닭은 밤을 맡는 것이요, 너구리는 쥐를 잡는 것이요, 태양은 인간의 촛불이다. 이것들은 다 명령하지 않아도 스스로 알아서 온전히 행하는 것이다.

　〔도살자는 고기를 베면서 소의 장점과 단점을 알고 궁인(弓人)은 힘줄을 벗기면서 소의 장점과 단점을 알고 조인(雕人)은 뼈를 다듬으면서 소의 장, 단점을 알 수 있나니 각각의 구별하는 방법이 있는 것이다.
　소를 시켜 쥐를 잡으라고 하는 것은 고양이나 살쾡이의 민첩함과 같지 못한 것이다.
　큰 소는 순(犉)이라고 하는데 일곱 자나 되고 큰 양은 침(羬)이라고 하는데 여섯 자나 되고 큰 돼지는 액(豟)이라고 하는데 다섯 자나 된다.
　다섯 자나 되는 큰 개를 유(猶)라 한다.
　양에게는 소금 실은 수레를 끌게 하지 아니하고 서까래는 문미나 용마루가 되지 못한다.
　전투는 싸움닭과 같아 이긴 자가 먼저 소리지른다.
　양주(揚州)의 닭은 나체로 털이 하나도 없다.
　닭은 밤을 맡고 너구리는 쥐를 잡고 해는 사람의 촛불인데 이것들은 명령하지 않아도 스스로 오롯이 하는 것이다.〕

屠者¹⁾割肉 則知牛長少 弓人²⁾劈筋 則知牛長少 雕人³⁾裁骨 則知牛長少 各有辨焉

使牛捕鼠 不如猫狌之捷

大牛爲犉七尺 大羊爲羬六尺 大豕爲豜五尺

五尺大犬爲猶

羊不任駕鹽車 橡不可爲楣棟⁴⁾

戰如鬪雞 勝者先鳴

揚州⁵⁾之雞 裸無毛

雞司夜 狸執鼠 日爍人 此皆不令自全

1) 屠者(도자) : 백정. 도살장의 사람.
2) 弓人(궁인) : 활을 만드는 사람.
3) 雕人(조인) : 가죽, 뼈 등을 다루는 사람.
4) 楣棟(미동) : 문미와 용마루.
5) 揚州(양주) : 구주(九州)의 하나. 북쪽은 회수(淮水)를 경계로 하고 남쪽은 바다에 이르는 지역. 곧 지금의 절강, 강서, 복건의 여러 성.

51. 나무열매를 먹는 사람은 다 인자하다

동물중에 알로써 생명이 태어나는 것을 '쫀다'고 하고 태로써 생명이 태어나는 것을 '젖먹는다'고 한다.

지중(地中)에 개가 있는데 그 이름을 지랑(地狼)이라고 하고 사람이 있는데 그 이름을 무상(無傷)이라고 한다.

동쪽을 나타내는 목(木)인 나무의 정기(精氣)가 필방(必方)이 된다.

큰 나무의 기이하고 신령스러운 것을 약(若)이라고 한다.

나무열매를 먹고 사는 사람들은 어진 사람이 많이 있다. 그 나무의 이름을 약목(若木)이라고 한다.

봄에도 꽃이 화려하게 피고 가을에도 또 꽃이 피는 나무의 그 이름을 '계수나무'라고 한다.

〔알에서 태어나면 탁(琢)이라 하고 태로써 태어나면 유(乳)라고 한다.

지중(地中)에 개가 있는데 이름하여 지랑(地狼)이라고 하고 사람이 있는데 이름을 무상(無傷)이라고 한다.

나무의 정기를 필방(必方)이라고 한다. 큰 나무의 기특하고 신령스런 것을 약(若)이라고 한다.

나무를 먹는 사람은 인(仁)한 사람이 많다. 이름을 약목(若木)이라고 한다.

봄에 꽃피고 가을에 꽃피는 것 그 이름을 계(桂)라고 한다.〕

卵生曰琢 胎生曰乳
地中有犬 名曰地狼 有人名曰無傷
木之精氣爲必方[1] 大木之奇 靈者爲若
木食之人 多爲仁者 名爲若木
春華秋英 其名曰桂

1) 必方(필방) : 불의 화신.

52. 처음으로 육우(六羽)를 헌상하다

춘추(春秋) 은공(隱公) 5년에 '처음으로 육우를 헌상했다'고 했다.

『곡량전(穀梁傳)』에 이르기를 "초(初)는 처음이다"라고 했다.

곡량자(穀梁子)가 말하기를 "중국의 무용은 천자는 팔일(八佾)로 춤추고 공후는 육일(六佾)로 춤을 추고 제후는 사일(四佾)로 춤을 춘다. '처음으로 육우(六羽)를 헌상하다'라고 한 것은 처음으로 음악에 힘쓴 것이다."라고 하였다.

시자(尸子)가 말하였다.

"중국의 무용은 천자로부터 제후에 이르기까지 다 팔일(八佾)을 사용하고 '처음으로 육우를 헌상한 것'은 처음으로 음악을 권장한 것이다."

또 춘추 환공 9년 겨울에 '조백(曹伯)이 그 세자 역고(射姑)를 사신으로 조회오게 하였다.'고 하였다.

『곡량전』에 이르기를 "조회에는 '사신'이라 말하지 않는데 '사신'이라고 한 것은 바른 것이 아니다."라고 하였다.

세자로 하여금 제후의 예를 막아 조회에 오게 하였으니 조백(曹伯)이 바른 것을 잃은 것이다. 제후가 서로 상면하는 것이 '조회'인데 사람의 아버지의 도리로써 기다리고 사람의 자식의 도리로써 기다렸으니 안으로 바른 것을 잃었다.

안으로 바른 것을 잃은 것은 가장으로서 조백이 바른 것을 잃은 것이니 세자가 그것을 중지한 것이다. 그것은 명령이었다.

시자가 말하였다.

"대개 중지한 것은 도에 이른 것이다."

〔춘추(春秋) 은공(隱公) 5년 '처음으로 육우(六羽)를 드리다'고 했다. 『곡량전(穀梁傳)』에 이르기를 "초(初)는 처음이다" 하였다.

곡량자(穀梁子)가 말하기를 "무하(舞夏)는 천자는 팔일(八佾)이요, 공후는 육일(六佾)이요, 제후는 사일(四佾)이다. 처음으로 육우를 헌상한 것은 처음으로 악(樂)을 힘쓴 것이다."고 했다. 시자(尸子)가 말하기를 "무하(舞夏)는 천자에서부터 제후에 이르기까지 다 팔일무를 썼고 처음으로 육우를 헌상한 것은 처음으로 음악을 장려한 것이다."라고 하였다.

춘추 환공(桓公) 9년 겨울에 '조백(曹伯)이 그 세자(世子) 역고(射姑)로 하여금 조회에 오게 하였다.'고 했다. 『곡량전』에 이르기를 "조회에는 '사신'을 말하지 않는데 '사신'이라고 말한 것은 바른 것이 아니다."라고 했다. 세자로 하여금 제후의 예절을 막아 조회에 오게 했으니 조백이 바른 것을 잃었다. 제후가 서로 보는 것을 '조(朝)'라고 했다. 사람의 아비된 도로도 기다리고 사람의 자식도 기다렸으니 안으로써 바른 것을 잃었다. 안으로 바른 것을 잃으면 조백도 바른 것을 잃었으므로 세자는 중지한 것인데 이것은 명령이었다. 시자가 말하기를 "대개 그친 것은 도에 뛰어난 것이다."하였다.]

春秋[1] 隱公[2] 五年 初獻六羽[3] 穀梁傳[4]云 初 始也 穀梁子[5]曰 舞夏[6] 天子八佾 諸公六佾 諸侯四佾 初獻六羽 始僭樂矣 尸子[7]曰 舞夏 自天子至諸侯 皆用八佾 初獻六羽 始厲樂矣

春秋桓公[8]九年冬 曹伯[9]使其世子射姑來朝 穀梁傳云 朝不言使 言使非正也 使世子抗諸侯之禮而來朝 曹伯失正矣 諸侯相見曰朝 以待人父之道待人之子 以內爲失正矣 內失正 曹伯失正 世子可以已矣 則是故命也 尸子曰 夫已多乎道

1) 春秋(춘추) : 공자(孔子)가 저술한 노(魯)나라 242년간의 역사를 엮은 책이다.

2) 隱公(은공) : 노나라 임금.
3) 六羽(육우) : 육일(六佾)로 공후(公侯)가 잔치에서 연주하는 음악.
4) 穀梁傳(곡량전) : 『춘추곡량전(春秋穀梁傳)』의 약칭. 주(周)나라 곡량적(穀梁赤)이 지었다.
5) 穀梁子(곡량자) : 곡량적의 존칭.
6) 舞夏(무하) : 중국의 춤. 중국을 하(夏)라고 한다.
7) 尸子(시자) : 이 책의 저자인 시교(尸佼).
8) 桓公(환공) : 노나라의 임금.
9) 曹伯(조백) : 조나라 백작. 백(伯)에 해당하는 제후.

시자 존의(尸子存疑)

1. 깊은 뿌리는 꽃받침대이다

정나라 사람이 옥주리(玉朱理)하는 자에 대해 이르기를 박(璞 : 옥덩이)이 된다고 하였다.

깊은 뿌리는 진실로 꽃받침이다.

진(晋)나라 사람들이 매우 심하게 사치를 부렸는데 진문공(晋文公)이 검소한 것으로 교도(敎導)하였더니 옷은 비단옷을 껴입지 않았으며 먹는 것은 고기를 겸해서 먹지 않았다.

황제(黃帝) 때의 공옥대(公玉帶)는 합궁(合宮)을 만들었는데 명당(明堂)이었으며 시자(尸子)가 나타내 보였다.

鄭人謂玉朱理者爲璞[1]

深根固蔕[2]

晋國苦奢 文公[3]以儉矯之 衣不重帛 食不兼肉

黃帝時 公玉帶[4]造合宮明堂[5] 見尸子

1) 璞(박) : 옥덩이. 곧 가다듬지 않은 옥.
2) 蔕(체) : 꽃을 받치고 있는 꽃받침대.
3) 文公(문공) : 진(晋)나라 문공으로 오패(五霸)의 한 사람.

4) 公玉帶(공옥대) : 사람 이름. 누구인지 자세하지 않다.
5) 合宮明堂(합궁명당) : 합궁은 황제(黃帝)가 거처하던 궁궐. 명당은 주(周)나라 때의 궁궐로 둘 다 제후들에게 조회를 받던 곳.

2. 천하를 주는데도 받지 않았다

곡량숙(穀梁淑)의 자는 원시(元始)이고 노(魯)나라 사람이며 춘추전(春秋傳) 15권을 남겼다.

신도적(申徒狄)은 하(夏)나라의 현인이었다. 탕(湯)임금이 천하를 물려 주고자 했는데 신도적이 의롭지 않은 이야기를 들었다고 자신이 스스로 황하에 투신하였다.

穀梁淑 字元始 魯人傳春秋十五卷
申徒狄[1] 夏賢也 湯以天下讓 狄以不義聞 已自投於河[2]

1) 申徒狄(신도적) : 하(夏)나라 말기의 현인. 『풍속통(風俗通)』에는 신도적(申屠狄)이라고 했다.
2) 河(하) : 황하(黃河)를 말한다.

3. 오리가 집오리가 되면 날지 못한다

야생의 오리는 물오리라 하고 집에서 키우는 오리는 집오리라 하는데 야생의 오리를 집오리로 길들이면 날아 다니지 못한다.

이것은 보통 사람들이 밭갈기만을 고집하고 다른 것을 알지 못하는 것과 같을 따름이다.

바닷물은 3년 동안에 한 바퀴 돌고 파도는 서로 부딪치므로 땅이 움직이는 것이다.

野鴨爲鳧¹⁾ 家鴨爲鶩²⁾ 不能飛翔 如庶人守耕稼而已
海水三歲一周流 波相薄 故地動
1) 鳧(부) : 물오리.
2) 鶩(목) : 집오리.

4. 상자는 잘 팔았고 진주는 못 팔았다.

초(楚)나라 사람이 정(鄭)나라에 가서 진주를 팔기 위해 목란(木蘭)으로 상자를 만들었는데, 그 안에 계숙의 향을 넣고 밖은 괴상한 구슬로 치장하고 안은 비취로 장식하여 그 안에 진주를 집어넣었다.

정나라에 가서 팔았는데 정나라 사람은 그 상자만 사고 안에 있던 진주는 되돌려 주었다.

이것은 상자를 산 사람은 잘 산 것이라고 말할 수 있고 진주를 판 사람은 잘 팔지 못했다고 말할 수 있는 것이다.

楚人賣珠於鄭者 爲木蘭之櫝¹⁾ 薰以桂椒²⁾ 綴以玫瑰³⁾ 輯以翡翠 鄭人買其櫝而還其珠 此可謂善買櫝矣 未可謂善鬻珠也
1) 木蘭之櫝(목란지독) : 목란은 껍질을 벗겨도 죽지 않는 특징이 있어 목재로 애용되는 나무. 독은 상자.
2) 薰以桂椒(훈이계숙) : 훈은 훈(燻)과 통하고 향(香)을 태우는 냄새. 계숙은 향기나는 나무.
3) 玫瑰(매괴) : 붉은 빛을 띤 아름다운 구슬이며 중국의 남방에서 생산됨.

5. 네 가지의 덕이 있는 것은 물이다

물은 네 가지의 덕스러운 것이 있다.

모든 생물을 목욕시키고 모든 만물이 통하여 흐르게 하는 것은 인(仁)한 것이다.

맑은 것을 들치고 탁한 것을 격동시키며 모든 찌꺼기를 제거하는 것은 의(義)로움이다.

부드러워도 범하기가 어렵고 나약하여도 승리하기가 어려운 것은 용(勇)맹스러움이다.

강을 인도하고 황하를 넓히며 가득찬 것을 미워하고 겸손하게 흐르는 것은 지(知)인 것이다.

水有四德[1] 沐浴群生 通流萬物 仁也 揚淸激濁 蕩去滓穢 義也 柔而難犯 弱而難勝 勇也 導江疏河 惡盈流謙 知也

1) 四德(사덕) : 인의용지(仁義勇知)의 네 가지 덕.

6. 하얀 얼굴에 몸체가 긴 인어가 나타났다

바다에서 고기를 잡는 일을 하는 데는 낚시질하고 그물질하고 통발로 잡고 큰 그물로 하고 작은 통발로 하고 반두오구로 잡고 못에서 그물하고 발로 잡고 덮는 그물로 잡고 종다래기로 잡고 작살로 잡는 방법 등이 있다.

우(禹)임금이 홍수를 다스릴 때 황하를 보고 있는데 하얀 얼굴에 몸체가 긴 인어(人魚)가 나타나 말하기를

"나는 황하의 정령(精靈)이다."

하고는 우임금에게 하도(河圖)를 건네 주고 다시 물 속으로 돌아갔다.

漁之爲事也 有釣網罟筌罛罶罞罩浮罾笱槮梁罨篧銛之類
禹理洪水 觀於河 見白面長人魚身出曰 吾河精也 授禹河圖¹⁾
而還於淵中

1) 河圖(하도) : 복희씨(伏羲氏) 때 황하(黃河)에서 용마(龍馬)가 등에 지고 나왔다는 그림으로 『주역(周易)』의 팔괘의 근원이 되었다. 여기서 우임금이 하도(河圖)를 얻었다는 것은 잘못이다. 우임금이 황하에서 낙서(洛書)를 얻었다고 했다. 낙서는 거북이의 등에 글씨가 있는 것으로 홍범구주(洪範九疇)의 기원이 되었다.

7. 소라와 조개를 본받으면 문을 닫는다

기러기는 갈대를 물어다가 그물을 막고 소는 진을 맺어서 호랑이를 물리친다.

땅에 숨다.

소라와 조개를 본받으면 문을 닫게 된다.

雁銜蘆而捍網 牛結陣以卻虎
黿土
法螺蚌¹⁾而閉戶

1) 螺蚌(나방) : 소라와 조개.

8. 이름이 달라도 기러기는 항상 기러기이다

초(楚)나라 사람에 창과 방패를 파는 자가 있었다.

자신의 방패를 자랑하여 말하기를

"나의 방패는 매우 견고하여 어떠한 것으로도 뚫지 못한다."

하고 또 그 창을 자랑하기를

"나의 창은 그 어떤 물건보다도 예리하여 뚫지 못하는 것이 없다."

고 했다. 어떤 사람이 말하기를

"그러면 그대의 창으로 그대의 방패를 뚫어보면 어떻게 되는가."

하니, 그 사람이 능히 응답하지 않았다.

기러기가 하늘 끝을 날으는데 그 기러기가 얼마나 높이 날고 얼마나 멀리 나는지는 밝히기가 어렵다.

초나라 사람들은 기러기를 '오리'라고 하고 월나라 사람들은 '새〔乙〕'라고 하는데 기러기는 항상 하나의 기러기일 뿐이다.

楚人有鬻矛與盾者 譽之曰 吾盾之堅 莫能陷也 又譽其矛曰 吾矛之利於物 無不陷也 或曰 以子之矛陷子之盾 何如 其人弗能應也

鴻飛天首[1] 高遠難明 楚人以爲鳧 越人以爲乙[2] 鴻常爾

1) 天首(천수) : 하늘의 머리. 하늘 끝.
2) 乙(을) : 기러기를 월나라 사람들이 부르는 소리.

9. 선을 권장하는 북을 두었다

우임금이 선으로 나아가는 북을 두었는데 묻고 대답하는 것도 갖춰 놓았다.

우(虞)나라 순임금은 하는 일 없이 시간을 보내는 일이 없었다. 수구(壽邱)에서 그릇을 만들고 때때로 부하(負夏)에 나아가고 일찍이 잠시도 쉬지 않았다.

돈구(頓邱)에서 귀한 것을 사서 돈구에서 장사하고 전허(傳虛)에서 천한 것을 팔아 이에 전허에서 빚을 갚았으니 고르게 구제한 것이다.

禹有進善之鼓 備訊唉也
虞舜灰於常羊[1] 什器於壽邱[2] 就時於負夏[3] 未嘗暫息 頓邱[4] 買貴 於是販於頓邱 傳虛[5] 賣賤 於是債於傳虛 以均救之

1) 常羊(상양) : 할일없이 한가하게 거닐다.
2) 壽邱(수구) : 땅 이름.
3) 負夏(부하) : 땅 이름.
4) 頓邱(돈구) : 땅 이름.
5) 傳虛(전허) : 땅 이름.

10. 나라가 장차 망하게 되었다

채(蔡)나라의 위공(威公)이라는 사람이 자신의 집 문을 닫고 3일 동안 통곡하며 눈물을 흘리고 계속하여 피까지 흘렸다.

그 이웃에서 담장으로 엿보고 묻기를
"어찌하여 그와 같이 슬프게 울고 있습니까."
하니, 위공이 대답하였다.
"우리나라가 또 망하게 되었습니다. 내가 듣건대 병들어서 장차 죽는 데에는 훌륭한 의원의 말이 먹혀들지 않고 나라가 장차 망하는 데에는 계략이 받아들여지지 않는다고 했습니다. 내가 여러번 임금에게 간했는데 우리 임금이 나의 계략을 사용하지 않았습니다. 이것으로 장차 망하게 될 것을 알게 된 것입니다."

〔채(蔡)나라 위공(威公)이 문을 닫고 곡을 하는데 3일 동안 울기를 다하여 계속하여 피까지 흘렸다. 그 이웃에서 담장으로 엿보고 질문하여 말하기를 "어찌하여 슬피우는가." 하니, 대답하기를 "우리나라는 또 망했다. 내 들으니 병들어 장차 죽는 데에는 가히 어진 의원이 되지 못하며 나라가 장차 망하는 데는 가히 계책을 만들지 못한다고 했다. 내가 여러번 간했는데 우리 임금이 쓰지 않으니 이것으로 장차 망하는 것을 안 것이다." 하였다.〕

蔡威公[1]閉門而哭 三日泣盡 繼以血 其隣窺牆 問曰何故悲哭 答曰 吾國且亡 吾聞病之將死 不可爲良醫 國之將亡 不可爲計謀 吾數諫 吾君不用 是知將亡

1) 蔡威公(채위공) : 채(蔡)나라 위공은 자세한 내역이 없다.

11. 고기 농장을 만들었다

두 가지의 지혜는 서로 구제하지 못하고 두 사람이 귀하면 서로 군림하지 못하고 두 사람이 웅변이 좋으면 서로 굴복시키지 못한다. 이것은 힘은 서로 균등하고 세력은 서로 적대시하기 때문이다.

　은(殷)나라의 주(紂)왕이 고기의 농장을 만들었다.

　『제범(帝範)』열무편(閱武篇)에 월(越)나라 구천(句踐)이 개구리에게 수레에서 예(禮)를 차려 마침내 제왕의 업(業)을 성취했다고 했다. 주석에 이르기를 "시자(尸子)가 그 본보기였다."고 하였다.

兩智不能相救 兩貴不能相臨 兩辨不能相屈 力均勢敵故也 殷紂爲肉圃[1]

帝範[2] 閱武篇 句踐軾[3] 蛙 卒成帝業 注云 尸子作式

1) 肉圃(육포) : 고기 농장. 곧 고기의 밭.
2) 帝範(제범) : 책 이름. 당(唐)나라 태종이 지어 태자에게 준 책. 시자시대에도 제범이 별도로 있었던 것 같다.
3) 軾(식) : 수레의 가로지른 나무를 잡고 수레에서 예를 차리는 것.

시간과 공간을 초월하여
영원한 고전으로 남아질 수 있는
과거속의 유산을 캐내어
메마른 우리들의 마음밭을
기름지게 가꾸어 줄 수 있는 —

자유문고의 책들

1. 정관정요
오 긍 지음/편집부 편역
● 252쪽/값 4,000원

〈 5쇄 〉

당나라 이후 중국의 역대왕실이 모든 제왕의 통치철학으로 삼아 오던 이 저서는 일본으로 건너가「도꾸가와 이에야스(德川家康)」가 일본 통일의 기틀을 마련하는데 큰 힘이 되었다. 또 민주사회의 지도자상과, 인간사회에 있어서 각종 단체·조직·회사 등에서 지도자를 연마하는 데 필요불가결한 지침서이다.

2. 식 경
조병채 편역
● 261쪽/값 4,000원

〈 5쇄 〉

어떤 음식을 어떻게 섭취하면 우리 몸에 좋은가? 어떻게 하면 심신을 최고의 상태로 유지하고 건강하게 무병장수 할 수 있는 가…… 등등. 옛 중국인들의 계절과 효용에 맞춰 음식물을 조리하고 저장하는 방법과 예방의학적 관점에서 그 해답을 얻을 수 있다. 옛 '養生의 古典'으로 일컬어져 있다.

3. 십팔사략
증선지 지음/편집부 편역
● 242쪽/값 4,000원

〈 6쇄 〉

고대 중국의 3황 5제에서부터 송나라 말기까지 유구한 역사의 노정에서 격랑에 휘말린 인물과 사건을 시대별로 나눈 5천년 중국사를 한눈에 볼 수 있는 역사서. 이 속에서 역대의 군신과 명장, 영웅호걸들이 펼치는 흥미진진한 사건들을 엿볼 수 있으며 현대 사회에서 많이 쓰이는 고사성어가 나열되어 있다.

4. 소 학
한용순·조형남 편역
● 302쪽/값 7,000원

〈 4쇄 〉

자녀들의 인격 완성을 위하여 성인이 되기 전 한번쯤 읽어야 하는 고전. ①아름다운 말 ②착한 행동 ③교육의 기초 ④인간의 윤리 ⑤몸을 공경하는 일 ⑥옛일을 상고함 등, 인간이 지켜야 할 예절과 우리 선조들의 예의범절을 되돌아 볼 수 있으며 옛 학교에서는 무엇을 가르쳤는가도 자세히 알 수 있다.

5. 대 학
편집부 편역
● 120쪽/값 3,000원

〈 2쇄 〉

사회생활에 적응하는 개인은 단체나 기업, 직장 등에서 반드시 그 조직의 일원이거나 그 조직을 이끄는 지도자가 된다. 이 지도자가 되거나 조직의 일원이 될 때 행동과 처세, 자신의 수양, 상하의 관계 등에 도움은 물론, 훌륭한 지도자로 성장할 수 있도록 하는 조직관리의 길잡이다.

6. 중 용
曺康煥 편역
● 144쪽/값 4,000원

〈 2쇄 〉

인간의 성(性)·도(道)·교(教)의 구체적인 사항을 제시하였다. 도(道)와 중화(中和)는 항상 성(誠)을 가지고 살아가야 한다는 것과 귀신에 대한 문제 등이 심도있게 논의됐으며『중용』의 이 사상은 주역과의 연관 관계를 가지고 있으며, 동양유학의 진수를 담고 있는 이론서이다.

〈2쇄〉

7. 신음어

呂 坤 지음/유두영 편역
● 254쪽/값 4,000원

한 국가를 경영하는 요체로써 ①인간의 마음 ②인간의 도리 ③도를 논하는 방법 ④자신을 보존하는 길 ⑤학문을 연마하는 자세 ⑥국가공복의 의무 ⑦세상의 운세 그리고 성인과 현인 ⑧지조와 성품 ⑨국가를 경영하는 요체 ⑩인정과 널리 아는 것 등을 주제로 한 공직자의 필독서이다.

8. 논 어

金相培 편역
● 374쪽/값 7,000원

〈 4쇄 〉

공자와 제자들의 사랑방 대화록. 공자(孔子)의 '배우고 때때로 익히면 즐겁지 아니한가, 벗들이 먼 곳에서부터 찾아온다면 이 얼마나 즐거운 일인가.'로 시작되는 논어를 통해 공문 제자의 교육법을 알 수 있는 것. 오늘의 메마른 사회의 정신을 가다듬는 청량제라 할 수 있다.

9. 맹 자

全 壹 煥 편역
● 474쪽/값 6,000원

〈 3쇄 〉

난세를 다스리는 정치철학. 백성이란 생활을 유지할 생업이 있어야 변함없는 마음을 가질 수 있고, 생업이 없으면 변함없는 마음을 가질 수 없다. 진실로 변함없는 마음이 없으면 마음이 흔들려 방탕·편벽·사악·사치 등으로 흐른다. 그런 연후에 그들을 처벌한다면 그것은 백성을 그물질하는 것과 같다.

10. 시 경

黃松文·李相鎭 편역
● 510쪽/값 10,000원

〈 2쇄 〉

공자는 시(詩) 3백편을 한마디로 대변한다면 '사무사(思無邪)'라고 했다. 옛 성인들은 시경을 인간의 마음을 정화시키는 중요한 교육서로 삼았다. 이것은 시가 인간에게 정서함양과 인격수양의 기초가 되기 때문이다. 이 305편의 시에 관련된 동물·식물 문물제도의 사진이 420장이나 수록되어 있다.

11. 서 경

李相鎭·姜明官 편역
● 444쪽/값 6,000원

〈 2쇄 〉

요순(堯舜)시대부터 서주(西周)시대까지의 정사(政事)에 관한 모든 문서(文書)를 공자(孔子)가 수집하여 편찬한 책이다. 기사문(記事文)도 약간 있으나 대부분이 제왕(帝王)의 선유(宣諭)·명령사(命令辭)이다. 유학의 정치에 치중한 경전의 하나로 산문의 시조라 할 수 있는 매우 중요한 저서이다.

12. 주 역

梁 鶴 馨 해역
● 493쪽/값 10,000원

〈 2쇄 〉

주역은 신성한 경전도 신비한 기서(奇書)도 아니다. 보는 자의 관점에 따라 판단을 내리도록 하는 것이 역의 기본이치이다. 주역은 하나의 암시이다. 이 암시는 사람에 따라 자유로운 연상을 할 수 있는 것으로 자신이 지니고 있는 문제를 생각하고 해결해 나가야 하는 것이 주역이 주는 암시인 것이다.

13. 노자도덕경

노 재 욱 편저
● 256쪽/값 5,000원

〈 3쇄 〉

난세를 쉽게 사는 생존철학으로 인생은 속절없고 천지는 유구하다. 천지가 유구한 것은 무위 자연의 도를 수행하고 있기 때문이다. 다투는 것은 도를 어기는 것이며 모든 악의 근원이다. 물에서 우리는 평화의 상징을 엿볼 수 있다. 제일 귀중한 것은 무엇인가. 그것은 자기의 생명이다 라고 했다.

14. 장 자

노 재 욱 편저
● 256 쪽/값 5,000 원

〈 2쇄 〉

바람따라 구름따라 정처없이 노닐며 온 천하의 그 무엇에도 속박되는 것 없이 절대 자유로운 삶을 영위하는 소요유에서부터 제물론, 양생주, 인간세, 덕충부, 대종사, 응제왕편 등 장주(莊周)의 자유무애한 삶의 이야기이다. 장자 특유의 무한한 우주관(宇宙觀)과 인생관을 엿볼 수 있다.

15. 묵 자

朴 文 鉉 편역
● 360 쪽/값 10,000 원

묵자(墨子)는 '사랑'을 주창한 철학자이며 실천가이다. 묵자의 이론은 단순하지만 그 이론을 지탱하는 무게는 끝없이 크다. 그러므로 전국시대 사람들의 마음을 사로잡아 거의 유가(儒家)의 세력을 압도하고 있었다. 공자의 '인(仁)' 사상은 광대하지만 묵자의 '사랑'은 구체적이고 적극적인 것이다.

16. 효 경

朴明用·黃松文 편저
● 240 쪽/값 4,000 원

〈 2쇄 〉

효도의 개념을 정립한 것. 공자의 제자인 증자(曾子)는 그의 아버지에게 효도하는 것이 뛰어났었다. 그는 죽음을 맞이하는 그 순간까지 효도의 마음가짐을 지녔다. 이러한 증자의 뛰어난 점을 간파한 공자가 증자에게 효도에 관한 언행을 전하여 기록하게 한 효의 이론서로 가정의 평화를 이룩할 수 있다.

17. 한비자(상·해)

노재욱·조강환 편역
● 상·532 쪽/값 10,000 원
● 하·512 쪽/값 9,000 원

〈 2쇄 〉

약육강식이 횡행하던 춘추전국시대에 순자의 성악설(性惡說)을 사상적 배경으로 받아들여 법의 절대주의를 역설하였다. '대도(大道)는 인이 아니라 법이다.'라는 그의 언행속에는 이상주의적인 국가관을 배척하고 인간 본성을 정치실현의 도구적인 것으로 간파하고 법 위주의 냉엄한 철학으로 이루어졌다.

18. 근사록

정 영 호 해역
● 420 쪽/값 8,000 원

〈 3쇄 〉

내 삶의 지팡이. 송(宋)나라의 논어(論語)라 일컬어진『근사록』은 송나라 성리학(性理學)을 집대성한 유학의 진수이다. "가까운 것을 가지고 미루어 생각하는 것이 근사(近思)"라는 뜻을 담아, 높은 차원의 철학적 사상과 학문이 쉽고 짧은 문장으로 다루어져 누구나 손쉽게 접할 수 있다.

19. 포박자

갈 홍 지음/장영창 편역
● 274 쪽/값 6,000 원

〈 4쇄 〉

불로장생(不老長生), 이것은 우리 모든 인간의 소망이며 기원의 대상이다. 신선이란 무엇인가? 인간은 죽음을 초월할 수 있는가? 불로불사(不老不死)의 약은 있는가? 당신도 신령과 영을 통할 수 있는가? 개인은 숙명적인 운명을 타고 나는가? 등등. 인간들이 궁금해 하는 사연들이 조명되고 있다.

20. 여씨춘추 (12紀·8覽·6論)

鄭 英 昊 해역
● 12紀·370쪽/값 7,000 원
● 8覽·464쪽/값 9,000 원
● 6論·240쪽/값 4,000 원

〈 2쇄 〉

진시황의 생부인 여불위(呂不韋)가 문객과 함께 심혈을 기울여 이룩한 저서로 사론서(史論書)이다. 유가(儒家)·도가(道家)·묵가(墨家)·병가(兵家)·명가(名家) 등의 설을 취합하고 있다.『12기, 8람, 6론』으로 나뉘어 3천여 학자가 참여한 선진(先秦)시대의 학설과 사상을 총망라하여 다룬 백과전서이다.

21. 고승전

혜교저/유월탄 편역
● 260쪽/값 4,000원

〈 2쇄 〉

중국대륙에 불교가 들어 오면서 불가(佛家)의 오묘 불가사의한 행적들과 중국으로 전파되는 전도과정(傳道課程)에서의 수난(受難)과 고통, 수도과정에서 보여주는 범상치 않은 고승들의 행적과 범문·범패의 번역, 포교(布敎)의 실체를 실제 인간들이 겪은 사실과 함께 기록한 기록문이다.

22. 한문입문

박동호 편역
● 244쪽/값 5,000원

〈 3쇄 〉

조선시대의 유치원 교육서라고 하는 천자문, 이천자문, 사자소학, 계몽편, 동몽선습이 수록됨. 또 현대사회에서 필요로 하는 예절, 곧 관례(冠禮)·혼례(婚禮)·상례(喪禮)·제례(祭禮) 등과 가족의 호칭법 등이 나열되고 간단한 제상차리는 법, 가족간의 호칭 및 촌수관계 등이 요약되었다.

23. 열녀전

劉向 저/박양숙 편역
● 416쪽/값 7,000원

역사에 큰 발자취를 남긴 89명의 여인들을 다룬 여성의 전기이다. 제1권 모범적인 여인들 제2권 어질고 밝은 여인들 제3권 자애롭고 지혜로운 여인들 제4권 정순하고 신의있는 여인들 제5권 의로운 여인들 제6권 사리에 통달한 여인들 제7권 나라를 망친 여인들 등 총 7권으로 구성되었으며 옛여성들이 지킨 도덕관을 한 눈에 볼 수 있는 교양서.

24. 육도삼략

조강환 해역
● 290쪽/값 7,000원

병법학의 최고봉인 무경칠서(武經七書) 가운데 두 가지의 책으로 3군을 지휘하고 국가를 방위하는데 필요한 저서이다. 또 천시(天時) 지리(地利) 인화(人和)를 중시하여 천변만화의 무궁무진한 전술을 구사할 수 있는 갖가지 방법들이 구비되어 있다. 『육도삼략』은 『육도』와 『삼략』의 두 권인 저서를 하나로 합한 것이며 무과(武科)에 응시하려면 필수적으로 봐야했던 이론서이다.

25. 주역참동계

최형주 해역
● 262쪽/값 6,000원

『주역참동계(周易參同契)』란 주나라의 역(易)이 노자의 도(道)와 연단술(練丹術)과 서로 섞여 통하며 『주역』의 도는 음과 양을 벗어나지 못하고 연단도 음과 양을 벗어나지 못하며 노자의 대도는 음과 양이 합치하는 가운데서 이룩되는 결과라는 뜻으로 역을 계절에 맞춰 음양오행(陰陽五行)에 귀결시킨 납갑(納甲)을 말한다.

26. 한서예문지

이세열 해역
● 322쪽/값 7,000원

반고(班固)가 찬한 『한서(漢書)』 제30권에 들어 있는 동양고전의 서지학(書誌學)의 대사전이다. 고전이 이곳 저곳으로 흘러 들어가면서 조금씩 다르듯이 한(漢)나라 이전의 모든 고전이 수십종류였으며 그 종류의 다른 것을 일목요연하게 볼 수 있는 서지학의 원조이다.

27. 대대례

朴良淑 해역
● 340쪽/값 8,000원

『대대례』의 정식 명칭은 『대대예기』이며 한(漢)나라 대덕(戴德)이 편찬한 저서로 공자(孔子)와 그의 제자들이 예에 관한 기록 131편을 수집하여 집대성한 것이다. 이것을 다시 대성(戴聖)이 46편으로 줄여 만들었는데 그것이 오늘에 전하는 『대대례』이다.

28. 열 자

柳 坪 秀 해역
● 300 쪽 / 값 7,000원

『열자』의 학문은 황제(黃帝)와 노자(老子)에 근본을 삼았고 열자 자신을 호칭하여 도가(道家)의 중시조라고 했다. 장자보다 앞선 학자이며 당나라시대에는 『충허진경(沖虛眞經)』이라 일컫고 송(宋)나라시대에는 『지덕충허진경(至德沖虛眞經)』이라 일컬을 정도로 많은 독자가 있었다. 『열자』는 내용이 재미가 있고 어렵지 않은 것이 특징이다.

29. 법 언

崔 亨 柱 해역
● 306 쪽 / 값 7,000원

전한(前漢)시대 사마상여(司馬相如)의 영향을 받아 대문장가가 된 양웅(楊雄)의 문집이다. 양웅은 오로지 저술에 의해 이름을 남기고자 힘썼으며 전한의 혼란기에 격동하는 시국의 거친 파도가 자신에게 미치는 것을 피하고자한 인물로 때로는 아부의 문장까지 쓰며 자신의 따분한 심사를 술로 달래가며 저술에 전념하였다.

30. 산해경

崔 亨 柱 해역
● 408 쪽 / 값 10,000원

『산해경(山海經)』은 문학·사학·신화학·지리학·민속학·인류학·종교학·생물학·광물학·자원학 등 제반 분야를 총망라한 동양 최고의 기서(奇書)이며 박물지(博物志)로서 내용과 관련된 이상하고 기괴한 짐승과 괴이한 인간들의 모습을 담은 150컷트의 도록도 수록되어 있다.

31. 고사성어 (세상이 보인다 돋보기 엿보기)

송 기 섭 지음
● 304 쪽 / 값 6,500원

일상생활에서 많이 쓰이는 중심되는 125개의 고사성어가 생기게 된 유래를 밝히고 유사 언어와 반대되는 말, 속어, 준말, 자해(字解) 등을 자세하게 실어 이해를 도왔다. 또 우리가 알고는 있으나 뜻을 자세하게 모르고 있는 1,000여 개 고사성어의 풀이를 해 놓았다.

32. 명심보감

송 기 섭 외3인
● 273 쪽 / 값 6,000원

인간으로서 갖춰야 할 기본 소양에 대한 것을 자세하게 알 수 있게 하는 명심보감과 학문을 이루기 위해 어떻게 공부해 나가야 하는 가에 대한 중요한 지침을 가르쳐 주는 격몽요결, 그리고 학교는 어떻게 운영되어야 하고 학생들은 어떠한 태도로 학교에서 행동해야 하는지에 대한 모범안을 보여주는 율곡 이이(李珥) 선생의 학교모범으로 이루어졌다.

33. 이향견문록

이 상 진 해역
● 상·350 쪽 / 값 8,000원
● 하·350 쪽 / 값 8,000원

일반적으로 많이 알려지지 않은 숨은 이야기 모음이다. 효자, 효녀, 효부, 열녀, 충신 등 모든 사람이 알고 있을 만큼 유명하지는 않지만 알음알음 소문으로 알려져 있는 많은 이야기들이 출전과 함께 실려있다. 그중에는 평범한 이야기도 있고, 기이한 이야기도 있고, 유명한 사람의 이야기를 능가하는 이야기도 있다.

34. 성학십도와 동국십팔선정

이 상 진 外 2인
● 242 쪽 / 값 6,000원

성학십도는 어린 선조(宣祖)가 성군(聖君)이 되기를 바라는 마음에서 퇴계 이황이 마지막 충절을 다해 집필한 것이다.
동국십팔선정은 우리나라 사람으로서 성균관의 문묘(文廟)에 배향(配享)된 대유학자 18명의 발자취를 나열한 것이다.

35. 시자

신 용 철 해역
● 232 쪽/값 6,000원

진(秦)나라 재상 상앙(商鞅)의 스승이었다는 시교(尸佼)의 저서로 인의(仁義)를 바탕에 깔고 유가(儒家)의 덕치(德治)를 바탕으로 '정명(正名)과 명분(名分)'을 내세워 형벌을 주창하였다. 또한 노장사상(老莊思想)의 무위론(無爲論)과 명가(名家)의 이론들이 섞여 있다.

36. 이아

근 간

아주 오래전의 한문 대사전이다. 한문 글자 하나하나의 유래와 뜻과 음을 보여주고 그 글자가 어느 구절에 어떻게 어떠한 뜻으로 쓰였는지에 대해 자세하게 예를 들어가며 적고 있다. 우리가 많이 쓰고 있는 한문 글자 중에서 그 글자가 그렇게 쓰일 것이라고 전혀 예상하지 못하던 글자의 뜻과 음, 그 글자가 쓰이는 구절을 새롭게 알게 된다.

문장론(그 이론과 실제)

황 송 문 지음
● 374 쪽/값 6,000원

어떻게 하면 좋은 글을 쓸 수 있을까? 적합한 언어를 찾아내어 적당한 자리에 조립시킬 수 있을 것인가? 언어의 조립 능력을 길러 표현의 자유를 누릴 수 있을 것인가? 하는 해답을 위해 시·소설·수필·논문 등 모든 문학 장르를 망라 감상적 기능과 분석, 비평적 기능 및 창작적 기능을 발휘케 했다.

신문·방송 기자가 되는 길

안 병 찬 지음
● 304 쪽/값 5,000원

기자가 되려는 사람들의 필수 교양서이며 수신서이다. 기자가 되려면 상식적으로 알아두어야 할 조건들을 3부로 구성하여 제1부 특종을 쫓는 기자, 제2부 사회의 일원인 기자, 제3부 기자가 되는 길 등으로 나누어 기자의 하는 일을 상세하게 기술했다. 또 입사시험, 사법·행정고시 지망생들에게 필요한 모범 논술문 답안도 제시하였다.

어떻게 살 것인가 삶의 지혜를 주는 책

한완상외 21인 지음
● 240 쪽/값 4,000원

어떻게 살 것인가? 하는 삶의 물음표에는 현재에 사는 40억 인구 모두가 나름으로 가지고 있는 다양한 삶의 형식이 있다. 여기에 우리 사회의 저명인사 한완상·김동길·김중배·김병걸·홍사중·이호철·이병주·진인숙·김종원 선생 등 22인이 함께 뿜어내는 참다운 삶에 대한 지혜의 교양서!

철학 산책

삶의 지혜를 주는 책

모티머 애들러 지음/
김 한 경 옮김
● 264 쪽/값 4,000원

우리가 삶을 살아가면서 부닥치는, 또 스스로 지성적 결론에 도달해야 할 주제들을 문답형식으로 풀이. 철학·정치·사회·문화·종교 등 각 분야를 총망라하여 분명한 해답을 보여준다. 그 해답들은 모든 사상가들이 사색하고 통찰한 지혜에서 추출하여 담았다.

제3의 이데올로기(전인류의 새로운 사상을 위하여)

양 희 석 지음
● 350쪽/값 6,000원

기독교가 저지른 모든 죄악을 신랄히 비판하고 또 동서양의 모든 제국주의가 평화의 적으로 민중들을 압박한 과오와 공산주의가 민중을 표방하고 민중의 적으로 등장한 사실들을 적나라하게 파헤쳐 실질적인 평화의 적은 기독교와 막시즘사상이라는 것을 역사적 실증을 들어 비판한 이론서.

자멘호프의 평화사상 (국제어 에스페란토 창안자)

양 희 석 지음
● 204쪽/값 4,000원

국제어인 에스페란토를 창안하여 인류의 평화에 공헌한 루돌프 라자로 자멘호프의 업적을 기리고 그가 세계평화에 얼마만큼 공헌하고 갔는가를 심도있게 파헤쳤으며 또 그가 세계의 관념론 철학을 비판하고 상대적 철학인 확률론을 지지한 실상을 재조명한 철학 개론서.

팔괘도의 도법과 후천

허 일 웅 지음
● 510쪽/값 25,000원

새로운 三遷易을 적용하여 오운(五運)의 진로와 四明堂更生에 입각한 증산학(甑山學)의 새로운 개념을 정립했다. '天符經' '三一神誥'를 새롭게 해석하여 일목요연하게 했으며 선천의 역인 복희와 문왕의 팔괘를 종식시키고 후천의 삼천역을 새로 제시하였다.

에스페란토-국어사전

이 재 현 편저
● 344쪽/값 7,000원

에스페란토는 세계의 공통어라고 한다. 120개국에 지부를 두고 있으며 전세계에 1억의 회원을 가지고 있는 에스페란토를 우리말로 옮겨 놓은 사전이다. 1만 5천 1백 단어가 수록되어 있으며 에스페란토를 공부하는데 있어 반드시 갖추어야 하며 특히 자연과학을 하는 학자들에게도 꼭 필요한 사전.

국어-에스페란토사전

이 재 현 편저
● 478쪽/값 7,000원

우리말을 4만 단어나 수록하여 에스페란토로 표현해 놓은 사전으로 우리말을 어떻게 에스페란토로 표현하는가에 대한 주의, 구별이 자세하게 나와 있다. 우리 국어를 에스페란토로 수록한 것은 이것이 처음이며 저자는 이 사전의 공로가 인정되어 국제 에스페란토 협회에서 종신회원으로 추대되었다.

한국인의 주도(酒道)

이 경 찬 엮음
● 208쪽/값 4,000원

음주(飮酒)의 예절은 옛부터 어른에게 배워야 한다고 했다. 그만큼 술을 마시는데 있어 예절을 중요시한 것이다. 그러므로 이 저서는 ①술의 역사 ②술과 인생 ③계주론(戒酒論) ④술과 건강 ⑤선비사회의 주도 등 6개 분야로 나누어 술에 관한 명사들의 유명한 수필을 뽑아 수록하고 있다.

역사를 무서워하라

양 희 석 지음
● 640쪽/값 15,000원

5·16이후 5공화국까지 군정이 저질렀던 그 실상들을 고대 무신정권의 실상과 비교분석하고 또 우리의 근대사를 거치면서 무신정권이 민중에게 가했던 피해들을 일목요연하게 나열했다. 한편 민중이 무신정권(군정)하에서 어떠한 저항세력을 형성해 왔으며 이 저항세력의 형성이 오늘날까지 이어져온 실상을 구명하고 있다.

몸으로 쓴 근대사 (어느 아나키스트의)

정 화 암 지음
● 360쪽/값 4,500원

일제의 침략에 항거하여 조국을 떠나 먼 이국땅(중국)에서 조국의 광복을 위해 한평생을 바친 저자의 피맺힌 인생기록이며 항쟁의 역사서. 평생을 국가의 장래를 걱정한 저자의 한맺힌 삶이 한 권의 책을 통하여 진한 감동으로 다가오며 우리의 혼란한 정치사를 한눈에 볼 수 있게 하는 기록이다.

무공해 묵시록

조응태 지음
● 222쪽/값 5,000원

인생의 근본 문제인 삶과 죽음, 영생(永生), 과거와 현재와 미래의 지구촌 모습을 성경을 통하여 재해석 하고 인류가 공해없는 미래 인류사회에서 새로운 세상을 살고자 성경을 통하여 그 대안을 제시하고 또 기독교와 불교를 비롯한 여러 종교들의 사상을 비교.

문학 사랑방 ① (문학깊이갈이)

문학사랑방 편집실 지음
● 210쪽/값 4,000원

미당 서정주의 문학세계, 문덕수(문학이란 무엇인가), 황송문(시란 무엇인가), 구인환(소설이란 무엇인가), 전규태(수필이란 무엇인가), 하유상(희곡이란 무엇인가), 임헌영(비평이란 무엇인가) 등의 각 문학 장르별 정의. 고 이정환의 문학과 인생, 세계명작을 심도 있게 소개하는 문학 무크지.

문학 사랑방 ② (예술깊이갈이)

문학사랑방 편집실 지음
● 220쪽/값 5,000원

구상 시인의 시세계. 김종원(영화란 무엇인가), 하유상(연극이란 무엇인가), 장윤우(조각이란 무엇인가), 김종태(미술이란 무엇인가), 이상만(음악이란 무엇인가) 등 각 예술 장르별 정의를 싣고 고 장영창의 문학과 인생, 세계명작과 세계의 고전을 심도 있게 소개하는 문학 무크지.

이런 금요일 어떠세요

김녹희 外 9명 지음
● 258쪽/값 5,000원

김녹희 외 9명의 여성들이 수필 동아리를 만들어 가감 없는 진솔한 삶의 이야기를 엮은 책. 각각의 여성들이 독특한 개성을 가지고 생활속의 작은 것에서 많은 감성을 이끌어내 읽는 사람으로 하여금 감탄하게 하고 자신의 이야기인 것 같이 동감하게 하는 내용으로 이루어졌다.

옷을 입은 원숭이   삶의 지혜를 주는 책

데스몬드 모리스 지음/
김한경 옮김
● 338쪽/값 5,000원

꿀벌들의 구애작전, 뿔달린 가시고기의 동성애, 얼룩무늬 파리새의 삼각관계, 피카소도 감탄한 침팬지의 전위예술, 파탄으로 끝나버린 팬더곰의 국제 결혼…… 등등. 인간을 방불케 하는 동물들의 사랑과 삶에서 인간을 탐험하고자 했던 영국 포유동물 원장의 동물에 대한 관찰기.

이화에 월백하고   삶의 지혜를 주는 책

유두영 지음
● 247쪽/값 3,000원

유두영 선생의 제3수필집으로 생활에서 우러나는 우리 문학의 실상을 적나라하게 보여주어 젊은이들에게 우리 문학의 전래된 유래를 알 수 있게 하는 글들의 모음집. 화려한 미사여구 없는 진솔한 삶의 표현으로 우리의 미를 개척한 수필의 진면목을 보여주고 있다.

사회주의는 어디로 갈 것인가

김관해 지음
● 340쪽/값 5,000원

유고, 폴란드, 소련이 붕괴되고 이데올로기가 소멸해 가는 과정을 통하여 사회주의가 무너져 내리는 것이 무엇 때문이며 무엇으로 인하였는가를 적나라하게 파헤쳐 주고 있다. 또 앞으로 무너진 동구라파 사회주의는 어디로 갈 것인가도 저자 나름대로 조망하고 있다.

동양학시리즈 [35]
시 자(尸子)

■ 동양학 편집고문
　柳坪秀, 柳斗永, 崔榮典, 朴良淑, 盧在昱, 崔亨柱
■ 동양학 편집위원
　具思會, 金相培, 金鍾元, 朴文鉉, 宋基燮, 李德一,
　李相鎭, 李世烈, 任軒永, 全壹煥, 鄭通奎, 曺康煥,
　趙應泰, 黃松文 (가나다 順)

대　　표 : 양태조
교　　열 : 이준영, 정연택
편　　집 : 홍윤정
교　　정 : 강화진, 안혜정
표지장정 : 이성식
전산조판 : 태광문화사
인　　쇄 : 성동문화사
제　　본 : 기성제책사
유　　통 : (주)문화유통북스

판	권
본	사
소	유

단기 4330(서기 1997)년 6월 25일 1쇄 인쇄
단기 4330(서기 1997)년 6월 30일 1쇄 발행

엮은이 ― 申龍哲
펴낸이 ― 李俊寧

펴낸곳 ― 자유문고
121 - 080
서울 마포구 대흥동 12-2호(3층)
전화·718-8982·713-9751(FAX)
등록·제2-93호(1979. 12. 31)

ISBN 89-7030-036-8
03150

정가 6,000원　※잘못 만들어진 책은 구입하신 서점에서 바꿔드립니다.